AF395767

15667.

PROJET

SUR L'APPLICATION

DANS LES

ÉVOLUTIONS DE LIGNE

Des mêmes principes

POUR LES BATAILLONS EN MASSE

QUE POUR LES PELOTONS DANS LES MOUVEMENTS D'UN BATAILLON ISOLÉ;

Présenté à M. le Ministre de la Guerre

PAR M. LAVELAINE DE MAUBEUGE,

LIEUTENANT-COLONEL.

Paris

IMPRIMERIE ET LIBRAIRIE MILITAIRES.

J. DUMAINE, NEVEU ET SUCCESSEUR DE **G. LAGUIONIE,**

(Maison Anselin),

Rue Dauphine, 36, dans le Passage.

1844

Paris.— Imprimerie de **COSSE** et J. DUMAINE,
rue Christine, 2.

À son Altesse Royale

Monseigneur le Duc d'Aumale.

Monseigneur,

La France avait à peine appris à vous connaître comme Prince, que déjà la réputation d'intrépide Colonel & d'habile Général s'attachait à votre nom.

Placé sur les marches du Trône & reflétant son éclat, vous aspirez à l'augmenter encore par une gloire personnelle en vous occupant d'Études sur un Art qui sert à votre illustration. C'est d'après cette pensée que j'ai osé appeler l'attention de votre Altesse Royale sur un Essai qu'elle a eu la bonté d'accueillir avec intérêt, avant qu'il ne soit soumis à l'examen d'un Comité appréciateur.

Aujourd'hui, je livre cet Ouvrage à la publicité & le place avec confiance sous le patronage de votre Altesse Royale.

Je suis avec un profond respect, Monseigneur,

De votre Altesse Royale,

Le très humble & très dévoué serviteur,

Lavelaine De Maubeuge,
Lieutenant-Colonel.

Avis de l'Éditeur.

J'offre à **MM.** les Généraux et Officiers supérieurs de tous grades, un Projet de nouvelles manœuvres qu'a bien voulu me confier M. le lieutenant-colonel Lavelaine de Maubeuge. Cet ouvrage a été mûrement élaboré par cet officier supérieur.

L'essai de nouvelles manœuvres par bataillon en masse, a subi de la manière la plus flatteuse l'examen du Comité d'infanterie. M. le Ministre, dans sa notification de l'avis du Comité, disait : « qu'il y aurait avantage à introduire ces mouvements dans l'ordonnance du 4 mars 1831 sur « l'exercice et les manœuvres de l'Infanterie.

Ce nouveau mode de manœuvres exigeant moins d'espace, donne la facilité de pouvoir exécuter par bataillons en masse tous les mouvements qui sont dans les évolutions de ligne; et de cette manière, il remédie aux inconvénients que l'on rencontre dans tous les terrains de manœuvres mis à la disposition des troupes, qui sont presque tous d'une très petite étendue.

MOUVEMENTS
Que des Bataillons en masse peuvent exécuter en Ligne ou en Colonne.

PREMIÈRE PARTIE.

1° Formation d'une ligne de bataillons déployés en ligne de bataillons en masse.

*2° Faire marcher une ligne de bataillons en masse, la faire changer de direction, l'arrêter et l'aligner.

*3° La faire marcher en retraite et répéter les mêmes mouvements.

DEUXIÈME PARTIE.

Rompre la ligne de bataillons en masse pour la former en colonne.

*1° Par bataillons à droite ou à gauche.

*2° Ployer la ligne par bataillons en masse sur un bataillon désigné, la droite ou la gauche en tête de colonne.

3° Marcher en colonne par bataillons en masse, changer de direction, arrêter la colonne et l'aligner.

TROISIÈME PARTIE.

Reformer la ligne de bataillons en masse.

*1° Par bataillons face à droite ou à gauche en bataille.

2° Par bataillons en masse en avant en bataille.

3° Par bataillons en masse face en arrière en bataille.

4° Par bataillons en masse sur la droite ou sur la gauche en bataille.

5° Par bataillons en masse déployer la colonne.

6° Ployer en colonne double un ligne de bataillon en masse.

7° Déployer cette colonne double et reformer la ligne de bataillons en masse.

8° Étant en colonne double par bataillons en masse, se reformer en ligne par deux mouvements, face à droite et sur la droite en bataille.

QUATRIÈME PARTIE.

1° Changement de front en avant sur la droite ou sur la gauche de la ligne, par bataillons en masse.

2° Changement de front en arrière sur la droite ou sur la gauche de la ligne.

3° Changement de front central, l'aile droite ou l'aile gauche en avant.

4° Changement de front oblique en avant sur la droite ou sur la gauche de la ligne.

5° Changement de front oblique en arrière sur la droite ou sur la gauche de la ligne.

6° Changement de front central et oblique, l'aile droite ou l'aile gauche en avant.

7° Changement de front en avant sur deux lignes, par bataillons en masse, sur la droite ou sur la gauche de la première ligne.

8° Changement de front en arrière sur deux lignes, sur la droite ou sur la gauche de la première ligne.

9° Changement de front central sur deux lignes par bataillons en masse, l'aile droite ou l'aile gauche en avant.

10° Changement de front oblique en avant sur deux lignes par bataillons en masse, sur la droite ou sur la gauche de la première ligne.

11° Changement de front oblique en arrière sur deux lignes par bataillons en masse, sur la droite ou sur la gauche de la première ligne.

12° Changement de front oblique et central sur deux lignes par bataillons en masse, l'aile droite ou l'aile gauche en avant.

13° Formation des échelons directs de deux bataillons en masse et les faire marcher.

14° Formation des échelons obliques par bataillons en masse.

15° Formation des carrés par échelons de deux bataillons en masse, parallèlement ou perpendiculairement à la ligne.

16° Retraite en échelons par bataillons en masse.

17° Retraite en échiquier par bataillons en masse avec formation des carrés obliques.

18° Passage des lignes par bataillons en masse.

19° Dispositions contre la cavalerie dans la marche d'une colonne double par bataillons en masse.

20° De défiler par bataillons en masse.

Nota. Le tracé des figures est sur une échelle au 8/1000·, les divisions sont de 40 files; la distance des bataillons en masse est de 24 pas, lorsqu'ils sont en ligne; la distance des bataillons en masse en colonne est celle de division plus 6 pas.

Le signe * (astérisque), indique les mouvements qui sont dans l'Ordonnance.

PLANCHE PREMIÈRE.

Former la ligne par bataillons en masse à distance de déploiement.

L'ordonnance du 4 mars 1831 n'a point donné les règles pour faire passer une ligne de bataillons déployés à une ligne de bataillons en masse; prenant cette ligne pour point de départ, j'ai cherché à la former en m'aidant des principes pour la formation d'une colonne de bataillons en masse.

COMMANDEMENTS

Du Commandant supérieur.	N^{os} DES BATAILLONS	Des Chefs de bataillon.

Du Commandant supérieur.

Par bataillons en masse sur le 1er bataillon à distance de déploiement, formez la ligne.
Pas accéléré = Marche.

N^{os} DES BATAILLONS

TOUS,
TOUS,

Des Chefs de bataillon.

Répètent et chacun commande :
Colonne serrée par division, sur la 1re division la droite en tête, en colonne.
Pas accéléré = Marche.

L'adjudant-major du 2e bataillon se détache aussitôt pour aller prendre sa distance, et établir deux jalonneurs *d h* sur le prolongement de ceux qui ont été placés devant la 1re division du 1er bataillon. Les bataillons étant ainsi massés par le flanc sont mis en mouvement chacun par leur chef respectif, et arrêtés au point indiqué par chaque adjudant-major, qui successivement, comme celui du second, s'est détaché un peu d'avance.

Après avoir fait front, les bataillons sont alignés à droite.

La ligne étant formée, le commandant en chef commande : = Guides, a vos places.

Fig. 1re. A A. Est une ligne de huit bataillons déployés.

Fig. 2. B B indique le moment où les bataillons, ployés en colonne et en masse par le flanc, sont près de se porter sur leur emplacement respectif et à distance de déploiement.

Fig. 3 C C représente la formation de la ligne de bataillons en masse.

PLANCHE PREMIÈRE.

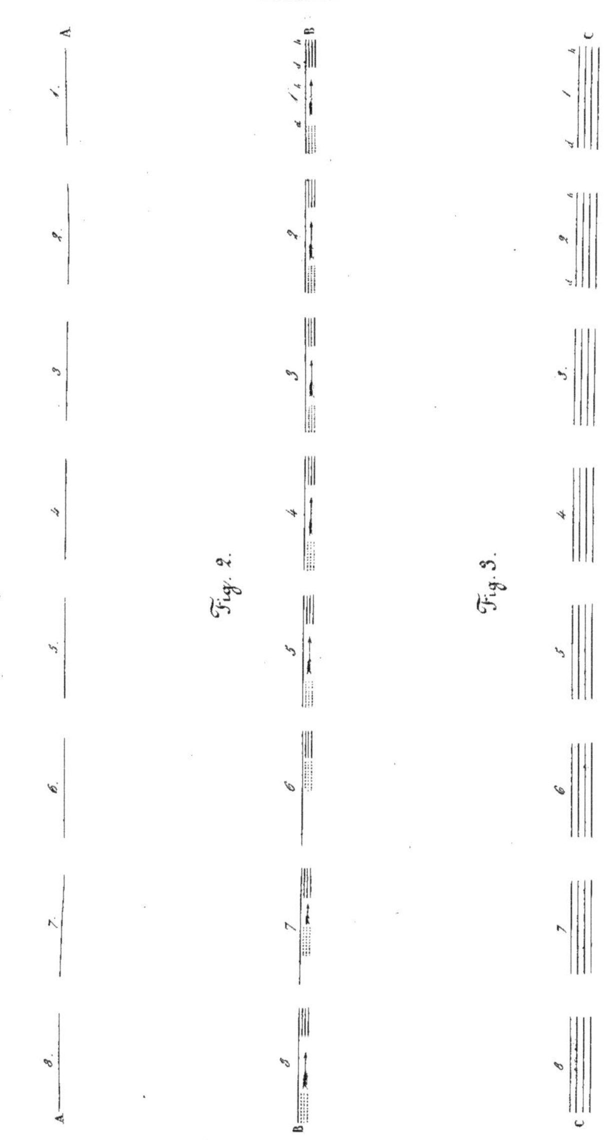

PLANCHE DEUXIÈME.

Pour faire marcher en avant une Ligne de bataillons en masse.

Changer de direction.—Arrêter la ligne et l'aligner.—Marcher en retraite.—Changer de direction marchant en retraite.—Arrêter la ligne et l'aligner.

On se conformera à ce qui est prescrit dans l'ordonnance n°ˢ 498 et 691, en observant toutefois d'employer le moyen qui va être indiqué pour faire appuyer, soit à droite ou à gauche, une ligne de bataillons en masse, et éviter les obstacles sans être obligé d'exécuter une marche de flanc. On suppose que le commandant en chef veuille appuyer la gauche de la ligne AA (fig. 1ʳᵉ) au point *a* (fig. 2ᵉ), il commandera :

COMMANDEMENTS

Du Commandant supérieur.	N°ˢ DES BATAILLONS.	Des Chefs de bataillon.
Mouvement par bataillon.	TOUS,	*Mouvement par bataillon.*
Changement de direction à droite.	TOUS,	*Changement de direction à droite, — guide à gauche.*
	TOUS,	*Bataillon, à droite conversion.*
Pas accéléré = MARCHE.	TOUS,	*Pas accéléré* = MARCHE.

Au dernier commandement, tous les bataillons exécutent une conversion à droite, et lorsque la 1ʳᵉ division de chacun d'eux est arrivée dans une direction à peu près perpendiculaire à la ligne, le commandant en chef commande : *En avant* = MARCHE.

La colonne se prolonge ainsi jusqu'au moment où sa gauche arrive au point *g*; elle exécute alors, par les commandements qui viennent d'être indiqués, un changement de direction à gauche, et vient appuyer sa gauche au point *a*.

Par le même moyen on rétablira facilement dans l'ordre direct une ligne de bataillons en masse placés par inversion, en faisant une double conversion. Ce mode de changer de direction par bataillon, en masse est également applicable à une colonne de bataillons en masse.

Fig. 3ᵉ. A A représente une colonne de bataillons en masse qui change de direction à gauche;

Fig. 4ᵉ. A′ A′ indique le mouvement terminé. La ligne de bataillons en masse marche en avant avec un bataillon de direction désigné par le commandant en chef.

Fig. 1ʳᵉ. A A représente une ligne de bataillons en masse disposée pour marcher en bataille.

Fig. 2ᵉ. A′ A′ indique le mouvement que la ligne de bataillons tes obligée de faire pour éviter l'obstacle qui est devant elle.

PLANCHE DEUXIÈME.
Fig. 1.
Fig. 2.
Fig. 3.
Fig. 4.

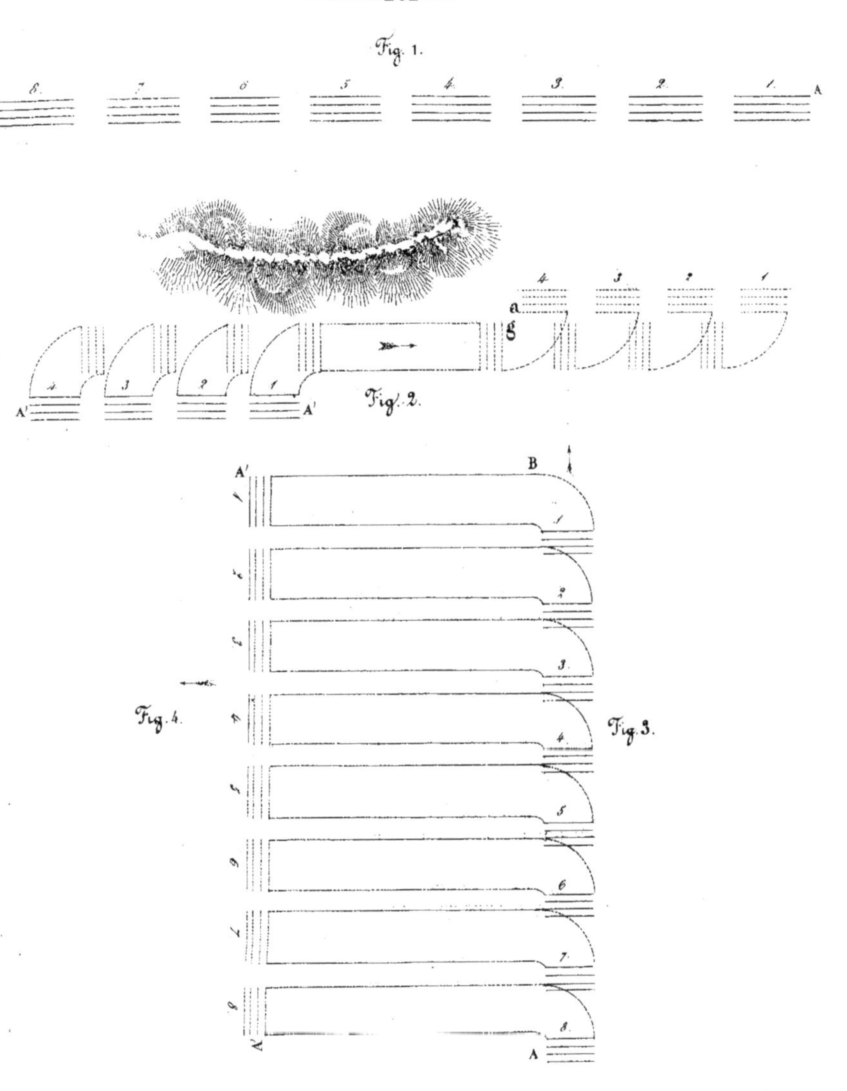

PLANCHE TROISIÈME.

Formation en colonne d'une Ligne de bataillons en masse, la droite ou la gauche en tête.

COMMANDEMENTS

Du Commandant en chef.	N' DES BATAILLONS.	Des Chefs de bataillon.
Par bataillon à droite.		1° *Par bataillon à droite.*
		2° *Changement de direction par le flanc gauche; bataillon à gauche.*
Pas accéléré = MARCHE.	TOUS,	*Pas accéléré* = MARCHE.

Fig. 1re. **AA** représente une ligne de huit bataillons en masse.

B indique la place de chaque chef de bataillon.

a celle de l'adjudant-major et de l'adjudant, le premier à **2** pas sur la droite du chef de la 1re division, et le second à **2** pas à droite du guide de droite de la 4e division.

Fig. 2. L'adjudant-major de chaque bataillon a placé deux jalonneurs *d h*, le premier en avant du guide de gauche, l'autre à distance de division du premier, et dans une direction perpendiculaire à la ligne.

Chaque bataillon a exécuté un changement de direction par le flanc gauche. Les bataillons ainsi rompus ont entre eux la distance nécessaire pour reformer la ligne en bataille.

Les chefs de division ont aligné à droite.

BB indique la formation en colonne des bataillons en masse, la droite en tête; elle prend le guide à droite quand elle est mise en marche.

Fig. 3. AA représente la ligne déployée de bataillons en masse.

BB indique la formation en colonne la gauche en tête.

Le mouvement s'est exécuté par bataillon à gauche, chaque bataillon, en faisant par le flanc droit; les chefs de division ont aligné à gauche, et la colonne prend le guide à gauche quand elle est mise en marche.

Les principes pour faire marcher une colonne de bataillons en masse, avec distance de division plus six pas, sont indiqués dans l'ordonnance, n°s 167 à 179, ainsi que les changements de direction.

PLANCHE TROISIÈME.

Fig. 1

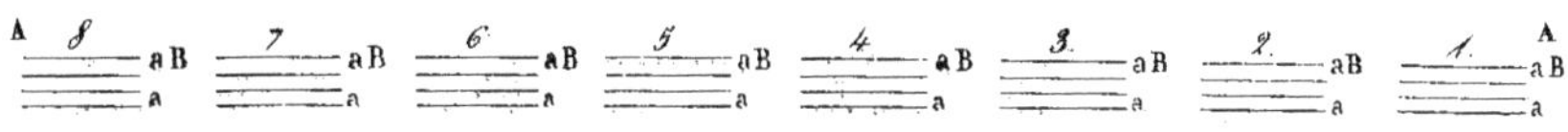

Fig. 2.

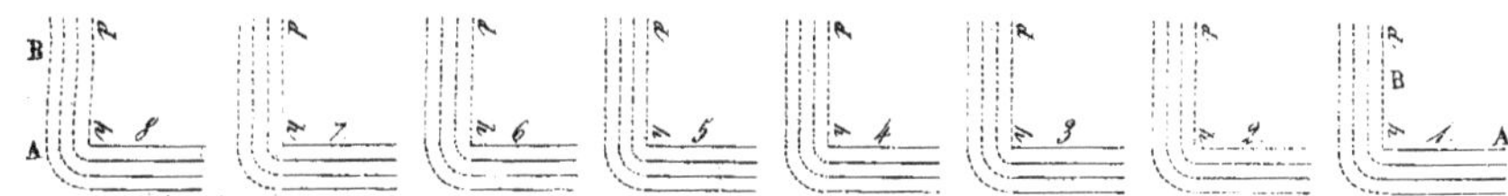

Fig. 3.

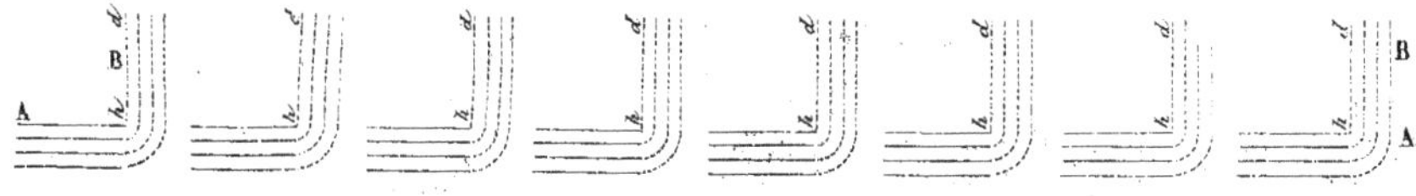

PLANCHE QUATRIÈME.

Mouvements en colonne par bataillons en masse avec distance de déploiement (Distance de division, plus 6 pas).

COMMANDEMENTS

Du Commandant en chef.	Nᵒˢ DES BATAILLONS.	Des Chefs de bataillon.
Par bataillons en masse, à distance de déploiement sur le 5ᵉ bataillon, la droite en tête en colonne.	TOUS, 1, 2, 3 et 4, 6, 7 ι 8,	Répètent et commandent : *Colonne, en avant, guide à gauche.* *Bataillon, demi-tour à droite, colonne en avant guide à gauche.*
Pas accéléré = Marche.	TOUS, 1, 2, 3, 4, 6, 7, 8, 1, 2, 3 et 4.	*Pas accéléré =* Marche. Successivement : *Bataillon, par le flanc gauche=*Marche. *Bataillon=*Halte, Front, *à gauche alignement.* *Guides, demi-tour à droite.*

Fig. 1ʳᵉ. AA représente la ligne de bataillons en masse.

BB indique la formation en colonne de bataillons en masse avec distance de déploiement.

Le mouvement a été exécuté sur le 5ᵉ bataillon la droite en tête en colonne.

Les bataillons qui sont à la droite du bataillon de direction, se sont portés perpendiculairement en avant, et chacun d'eux a fait à gauche en marchant pour prendre rang dans la colonne à mesure que la 4ᵉ division a eu dépassé de la distance de division plus six pas, la première division du bataillon, qui, dans la colonne, doit se trouver immédiatement derrière.

Chaque bataillon a été arrêté au moment où les guides de gauche sont arrivés à hauteur de ceux qui ont pris rang dans la colonne.

Les guides ont fait face en arrière, et sont placés sur le prolongement des guides déjà établis. Le bataillon est aligné à gauche.

Les bataillons qui sont à gauche du bataillon de direction ont fait demi-tour, et se sont portés perpendiculairement en arrière. Chacun d'eux a ensuite fait à gauche en marchant pour prendre rang dans la colonne, aussitôt que sa 1ʳᵉ division a eu dépassé de la distance de division plus six pas, la 4ᵉ division du bataillon qui doit être immédiatement devant lui.

L'adjudant-major *a* s'est détaché de 20 à 30 pas en avant pour aller indiquer le point où chaque bataillon doit entrer dans la colonne.

Les bataillons ayant pris rang dans la colonne ont été remis face en tête et alignés à gauche.

Les bataillons les plus éloignés du bataillon de direction, au lieu de se porter directement en avant jusqu'au point où ils doivent entrer dans la colonne, peuvent s'y rendre diagonalement, de cette manière, ils ont moins d'espace à parcourir. Les chefs de divisions arrêteront alors séparément leurs divisions, et les aligneront à gauche.

Le mouvement de ployer la ligne, la gauche en tête, se ferait d'après les mêmes principes, mais dans l'ordre inverse, c'est-à-dire que les bataillons placés à la droite du bataillon de direction, se porteraient perpendiculairement en arrière pour prendre rang successivement dans la colonne, tandis que ceux placés à la gauche se porteraient en avant, et entreraient dans la colonne en faisant à droite en marchant.

Nota. On peut faire faire aux deux pelotons de la droite et de la gauche, le mouvement par le flanc pour entrer dans la colonne.

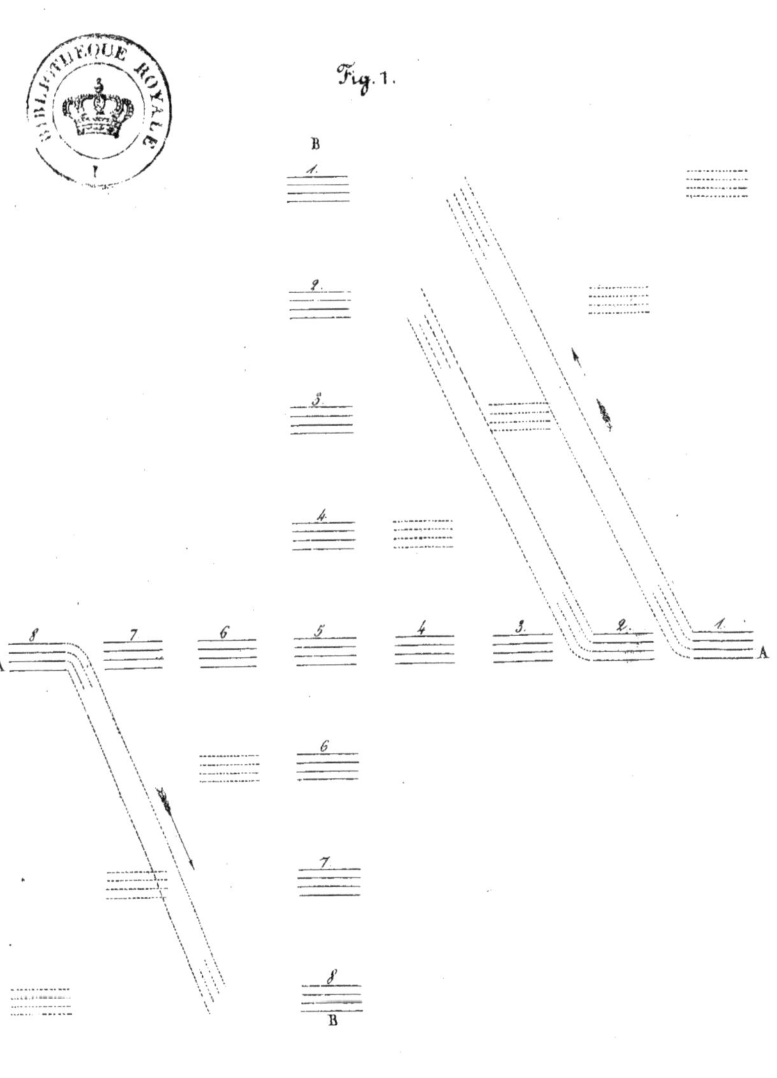

Fig. 1.

PLANCHE CINQUIÈME.

Colonne de bataillons en masse avec distance de déploiement, reformer la ligne de cinq manières différentes.

1° *Face à gauche en bataille, ou face à droite par inversion.* — 2° *Par bataillons en masse, en avant en bataille.* — 3° *Par bataillons en masse, face en arrière en bataille.* — 4° *Par bataillons en masse, sur la droite ou sur la gauche en bataille.*-5°*Par bataillons en masse déployez la colonne.*

Face à gauche en bataille ou face à droite par inversion.

COMMANDEMENTS

Du Commandant en chef.	Nᵒˢ DES BATAILLONS.	Des Chefs de bataillon.
Face à gauche en bataille.	TOUS,	*Face à gauche en bataille.*
Par bataillons en masse, changement de direction par le flanc droit.	TOUS,	Répètent et commandent : *Bataillon à droite.*
Pas accéléré = MARCHE.	TOUS,	*Pas accéléré* = MARCHE.

Fig. 2. BB représente la colonne des bataillons en masse.

Le commandant en chef a fait établir les guides de droite sur la ligne.

L'adjudant-major *a* de chaque bataillon a placé deux jalonneurs *dh*, le premier en avant du guide de droite, l'autre à distance de division du premier, dans une direction perpendiculaire à la colonne. Chaque chef de bataillon a exécuté ensuite un changement de direction par le flanc droit.

Les chefs de division alignent à droite.

Si le mouvement a lieu par *inversion face à droite en bataille*, on l'exécute alors par un changement de direction par le flanc gauche, et on aligne à gauche.

Les bataillons sont placés de cette manière dans un ordre inverse par rapport à l'ordre de bataille, quoique les pelotons de chaque bataillon soient dans un ordre direct.

Fig. 1ʳᵉ. Si la colonne a la gauche en tête, le mouvement s'exécutera de la même manière, mais par les moyens inverses.

Former en avant en bataille une colonne de bataillons en masse à distance de déploiement.

COMMANDEMENTS

Du Commandant en chef.	Nᵒˢ DES BATAILLONS	Des Chefs de bataillon.
Par bataillons en masse en avant en bataille.	TOUS,	*Par bataillons en masse, en avant en bataille.*
	1ᵉʳ,	*Bataillon en avant.*—*Bataillon, halte.* —*A droite, alignement.*
	2, 3, 4, 5, 6, 7, 8,	*Guide à droite.* — *Tête de colonne à gauche.*
Pas accéléré = MARCHE.	2, 3, 4, 5, 6, 7, 8,	*Pas accéléré* = MARCHE.

Fig. 3. BB indique une colonne de huit bataillons arrêtés à distance de subdivision en arrière de la nouvelle ligne A A, qui a été déterminée d'avance par le commandant en chef; le point de droite est indiqué ainsi que celui de gauche; l'adjudant-major *a* du 1ᵉʳ bataillon a placé deux jalonneurs *dh*, le premier devant la file de droite et l'autre devant la file de gauche de la 1ʳᵉ division, et sur le prolongement de la nouvelle ligne. Le chef du 1ᵉʳ bataillon a commandé : 1ᵉʳ *bataillon*=EN AVANT. *Bataillon*=HALTE. *A droite*=ALIGNEMENT. La 1ʳᵉ division a appuyé contre les 2 jalonneurs, le chef de la 1ʳᵉ division s'est porté à sa place de bataille, c'est-à-dire au premier rang en remplacement du guide de droite.

Les autres bataillons, au commandement du commandant en chef, ont exécuté un quart de conversion, et se sont ensuite dirigés de manière à arriver carrément sur la nouvelle ligne. Les adjudants-majors, à cet effet, ont apporté toute leur attention à diriger le guide de droite de la 1ʳᵉ division, lui faisant avancer successivement l'épaule gauche en gagnant du terrain du même côté, de manière à le faire arriver carrément au point *g*. L'adjudant-major lorsqu'il se détache pour se porter sur la ligne, est remplacé par l'adjudant.

L'adjudant-major *a* du 2ᵉ bataillon s'est détaché aussitôt le mouvement commencé pour aller établir deux jalonneurs *dh* sur la ligne, le premier à 24 pas de la gauche du 1ᵉʳ bataillon, et le deuxième à distance de division. Ceux des autres bataillons font la même opération successivement, en ayant soin de précéder sur la ligne leur bataillon au moins de 60 pas.

Comme le chef de la 1ʳᵉ division du 1ᵉʳ bataillon, ceux des 1ʳᵉˢ divisions des autres bataillons se sont portés, après le commandement de FIXE, à la place de leur guide de droite.

Les bataillons étant tous sur la ligne, le commandant en chef fait rentrer les guides.

Les mouvements, la gauche en tête, se feront d'après les mêmes principes et par les moyens inverses.

Cette formation en ligne, de bataillons en masse à distance de déploiement, par le mouvement de EN AVANT EN BATAILLE, est plus avantageuse que celle par le déploiement, en ce que, dans la dernière, les bataillons en masse marchant par le flanc ne présentent aucun moyen de résister en cas d'attaque, tandis que dans l'autre mouvement, les bataillons forment une ligne échelonnée, et peuvent se former en carré.

Fig. 4.—NOTA. Le commandant en chef voulant établir la ligne des bataillons en masse dans la direction du 5ᵉ bataillon, commandera : *Sur le 5ᵉ bataillon*=EN AVANT EN BATAILLE. *Pas accéléré*=MARCHE. Au premier commandement, les chefs des 1ᵉʳ, 2ᵉ, 3ᵉ et 4ᵉ bataillons, leur feront faire face par le 3ᵉ rang, et commanderont, ainsi que ceux des 6ᵉ, 7ᵉ et 8ᵉ : *Bataillon à gauche conversion.* Au dernier commandement, les bataillons se porteront sur la ligne, d'après les principes qui viennent d'être indiqués plus haut; après avoir traversé la ligne, les 1ᵉʳ, 2ᵉ, 3ᵉ et 4ᵉ bataillons seront remis face par le premier rang, tous s'aligneront du côté du bataillon, base du mouvement.

PLANCHE CINQUIÈME.

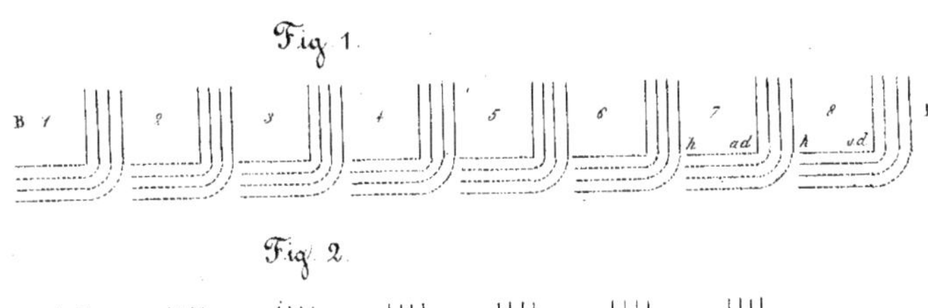

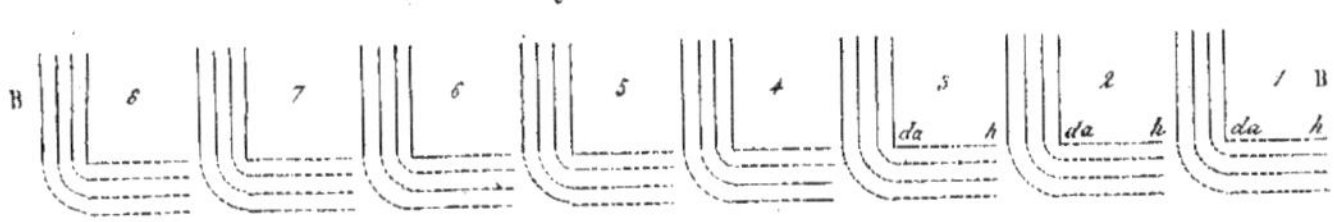

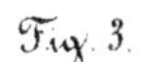

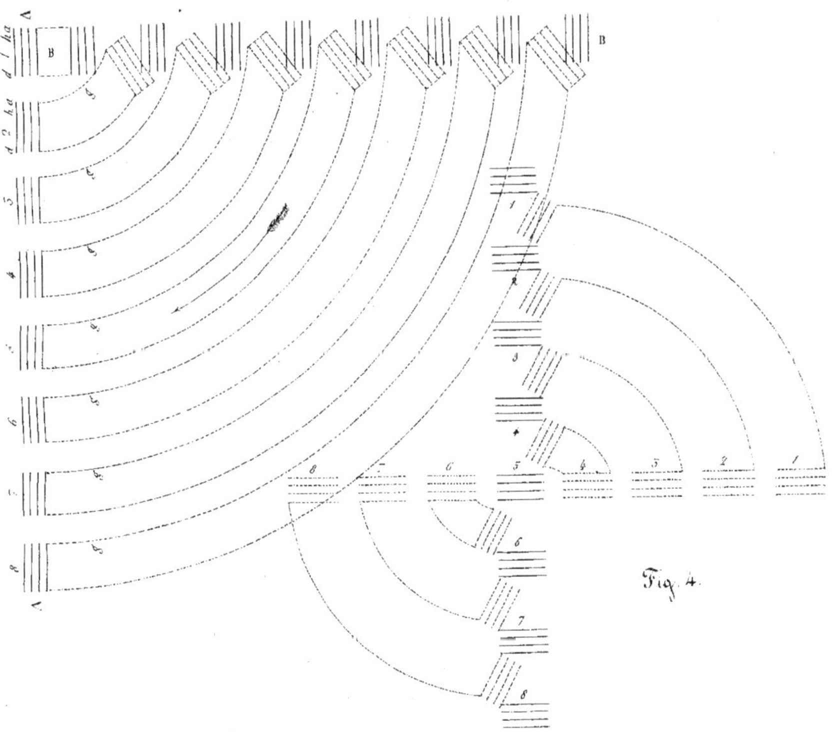

PLANCHE SIXIÈME.

Une colonne de bataillons en masse, arrivant par devant la droite de la ligne de bataille, s'y établir face en arrière en bataille.

Le Commandant en chef a déterminé la ligne en y indiquant le point de droite et celui de gauche.

La formation a lieu par deux mouvements.

Fig. 1re. Le premier en faisant changer de direction par le flanc droit à toute la colonne et le second en se formant face à gauche en bataille.

COMMANDEMENTS

Du Commandant en chef.	Nᵒˢ DES BATAILLONS.	Des Chefs de bataillon.
Par bataillon en masse, face en arrière en bataille.	TOUS,	*Par bataillon en masse, face en arrière en bataille.*
Changement de direction par le flanc droit.	TOUS,	*Changement de direction par le flanc droit.—Bataillon à droite,*
Pas accéléré = Marche.		*Pas accéléré =* Marche.
Face à gauche en bataille.	TOUS,	*Face à gauche en bataille.*
Changement de direction par le flanc droit.	TOUS,	*Changement de direction par le flanc droit. — Bataillon à droite.*
Pas accéléré = Marche.	TOUS,	*Pas accéléré =* Marche.
Guides à vos places.	TOUS,	*Guides à vos places.*

La colonne a été arrêtée par le commandant en chef à distance de division en arrière de la nouvelle ligne.

L'adjudant-major *a* du 1ᵉʳ bataillon a placé deux jalonneurs, le premier à côté de l'homme de droite de la 1ʳᵉ division et le second à distance de division et perpendiculairement à la nouvelle direction. Toute la colonne exécute un changement de direction par le flanc droit.

DD. Représente les bataillons en colonne à distance de déploiement.

BB. Indique la position des bataillons ayant changé de direction par le flanc droit.

AA. Représente les bataillons en masse établis face en arrière en bataille, après avoir exécuté un changement de direction par bataillon en masse, tous les jalonneurs *d h* ont été établis sur la nouvelle ligne AA.

Le mouvement de face en arrière en bataille peut aussi s'exécuter en formant la colonne face à gauche en bataille, et exécutant ensuite un changement de front en arrière par bataillon en masse sur le 1ᵉʳ bataillon. Ce mouvement sera expliqué dans l'article des changements de front.

Une colonne, la droite en tête, formée de bataillons en masse, avec distance de déploiement, la former sur la droite en bataille.

Fig. 2. Le commandant en chef fait établir par l'adjudant-major, sur la ligne qu'il a déterminée, deux jalonneurs qui sont placés à un peu moins de distance que celle de division. Il fait prolonger cette ligne par des officiers d'état-major.

Ces dispositions étant faites, il commande :

COMMANDEMENTS

Du Commandant en chef.	Nᵒ DES BATAILLONS.	Des Chefs de bataillon.
Par bataillons en masse, sur la droite en bataille.	TOUS,	*Par bataillons en masse, sur la droite en bataille.*

Le chef du 1ᵉʳ bataillon fait changer de direction à droite par une conversion, lorsque le guide de droite de la 1ʳᵉ division est arrivé à hauteur du premier point déterminé, il arrête son bataillon à deux pas des jalonneurs et l'aligne à droite.

Les chefs des autres bataillons exécutent le même mouvement, les adjudants-majors se détachent à l'avance pour aller placer les jalonneurs à 24 pas de la gauche du bataillon qui a précédé le leur sur la ligne. La formation achevée, le Général en chef fait rentrer les guides.

Fig. 1.

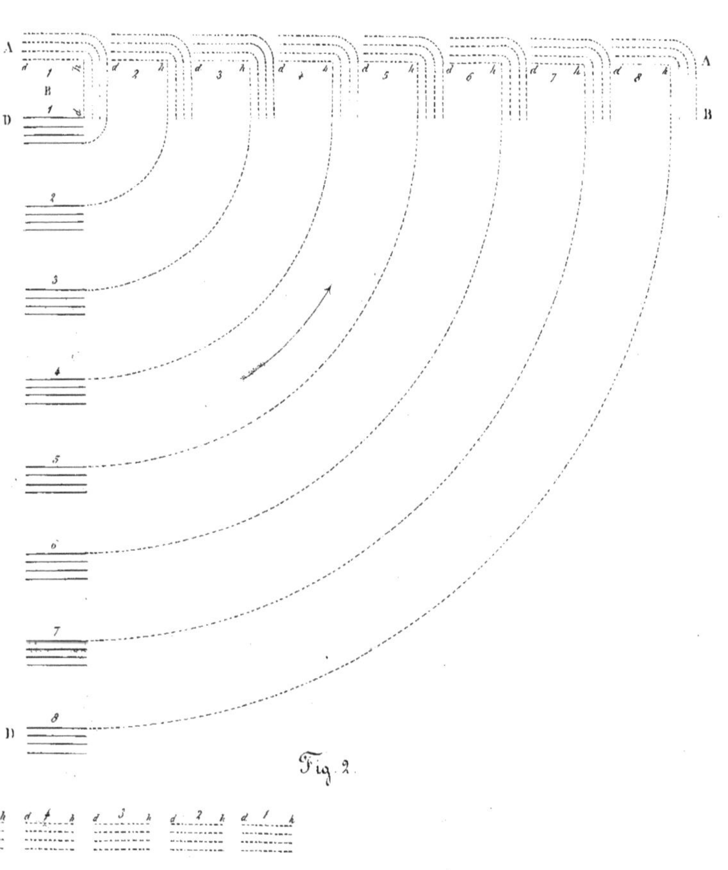

Fig. 2.

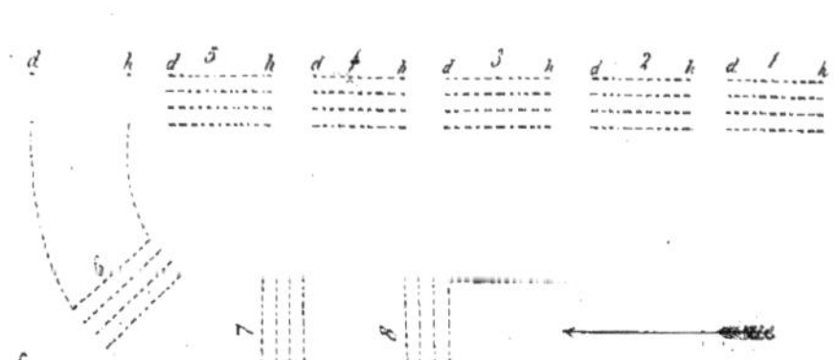

PLANCHE SEPTIÈME.

Ployer en colonne double une ligne de bataillons en masse et la déployer, soit en avant, soit face à droite ou à gauche.

COMMANDEMENTS

Du Commandant en chef.	N°ˢ DES BATAILLONS.	Des Chefs de bataillon.
Colonne double par bataillons en masse.	TOUS, 1, 2, 3, 6, 7 et 8,	*Colonne double par bataillons en masse.* *Bataillon, demi-tour, colonne en avant,* *guide à droite* (ceux de droite), *guide* *à gauche* (ceux de gauche).
Pas accéléré = MARCHE.	TOUS,	*Pas accéléré =* MARCHE.

Au dernier commandement, les chefs des 4ᵉ et 5ᵉ bataillons les aligneront à droite. Celui du 3ᵉ, aussitôt que la 1ʳᵉ division de son bataillon se trouvera à six pas du guide de droite de la 4ᵉ division du 4ᵉ bataillon, fera faire à droite en marchant pour prendre rang dans la colonne, et lorsque les guides de droite arriveront à hauteur de ceux du 4ᵉ bataillon, il l'arrêtera, lui fera faire front, et alignera à droite.

Les chefs des 2ᵉ et 1ᵉʳ bataillons exécuteront ce qui vient d'être prescrit pour le 3ᵉ.

Le chef du 6ᵉ bataillon, aussitôt que la 1ʳᵉ division de son bataillon sera à 6 pas du guide de la 4ᵉ division du 5ᵉ bataillon, lui fera faire à gauche en marchant pour prendre rang dans la colonne, et aussitôt que les guides de droite seront à hauteur de ceux du 5ᵉ bataillon, il l'arrêtera et l'alignera à droite. Il en sera de même pour les 7ᵉ et 8ᵉ bataillons.

Fig. 1ʳᵉ. Si le commandant en chef veut placer les bataillons en colonne double à distance de déploiement, il fera suivre le commandement ci-dessus de cette indication, et le mouvement s'exécutera de la même manière.

Ce mode de ploiement offre l'avantage de pouvoir se former en ligne de deux manières.

Fig. 2. 1° Par un en avant en bataille, la colonne de droite opérant son mouvement sur le 4ᵉ bataillon, celle de gauche sur le 5ᵉ, ayant soin de se conformer à ce qui a été prescrit précédemment pour cette formation.

Fig. 3. 2° En se formant face à droite ou face à gauche en bataille par deux mouvements qui s'exécuteront de la manière suivante.

COMMANDEMENTS

Du Commandant en chef.	N°ˢ DES BATAILLONS.	Des Chefs de bataillon.
Par bataillons en masse, face à droite *en bataille et sur la droite en bataille.*	TOUS, 1, 2, 3 et 4.	Répètent : *Changement de direction par le flanc* *gauche.* *Bataillon à gauche.*
Pas accéléré = MARCHE.	5, 6, 7 et 8, TOUS,	*Bataillon en avant, guide à gauche.* *Pas accéléré =* MARCHE.

Au dernier commandement les bataillons de droite exécuteront un changement de direction par le flanc gauche; ceux de gauche se porteront sur la ligne AA, par le mouvement de sur la droite en bataille qui a été expliqué précédemment.

Le mouvement terminé, le commandant en chef fera rentrer les guides.

On se formerait face à gauche en bataille de la même manière; la colonne de gauche exécuterait un changement de direction par le flanc droit, et celle de droite se porterait sur la ligne par le mouvement de sur la gauche en bataille.

Si les bataillons formant la colonne double étaient à distance de masse, le déploiement se ferait de la manière ordinaire. La colonne de droite déploierait sur le 4ᵉ bataillon, celle de gauche sur le 5ᵉ.

NOTA. Dans le mouvement pour former la colonne double face à droite, et sur la droite ou face à gauche et sur la gauche en bataille celui de la seconde colonne est forcé. Pour en faciliter l'exécution, le commandant en chef pourra (*fig.* 4) placer les deux jalonneurs *d h* à 6 pas de la ligne des guides de gauche des bataillons de droite, et dans une direction parallèle à cette ligne. Il donnera ainsi aux bataillons de gauche l'espace nécessaire pour exécuter un changement de direction à droite.

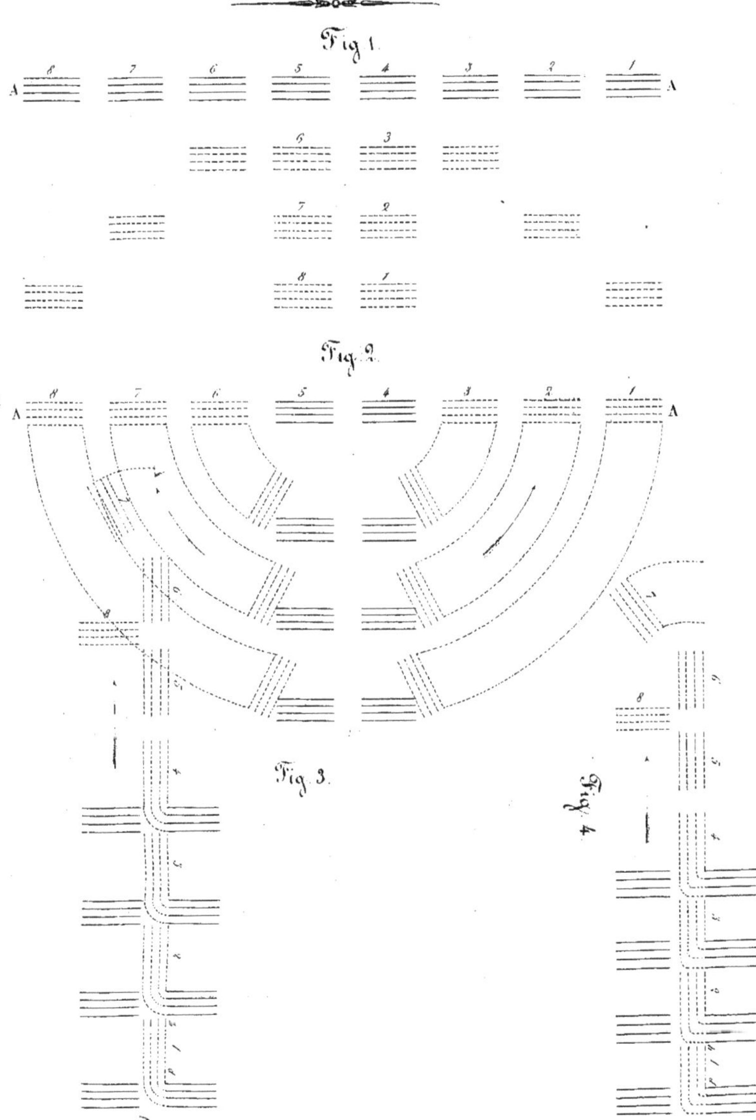

Fig. 1.
Fig. 2.
Fig. 3.
Fig. 4.

PLANCHE HUITIÈME.

Changement de front en avant, sur la droite ou sur la gauche de la ligne par bataillons en masse.

Fig. 1re. Le commandant en chef voulant faire changer de front en avant sur la droite, une ligne de bataillons en masse, déterminera d'abord la direction de la nouvelle ligne de bataille, fera placer sur cette ligne deux jalonneurs devant l'emplacement que doit occuper la 1re division du bataillon de droite, et fera établir ce bataillon par un changement de direction par le flanc, il chargera en même temps un officier à cheval, de déterminer le point où devra arriver la gauche du dernier bataillon. Ces dispositions étant faites, il commandera :

COMMANDEMENTS

Du Commandant en chef.	N^{os} DES BATAILLONS.	Des Chefs de bataillon.
Par bataillons en masse, changement de front en avant sur le 1er bataillon.	TOUS, 2,3,4,5,6,7 et 8,	*Par bataillons en masse, changement de front en avant sur le 1er bataillon.* *Colonne en avant, guide à droite.*
Pas accéléré = MARCHE.	TOUS,	*Pas accéléré* = MARCHE.

A ce commandement, les bataillons subordonnés se mettront en marche, le guide de droite du 2e bataillon se dirigera droit devant lui, et lorsqu'il sera arrivé au point g, à hauteur du jalonneur de droite h, placé d'avance par l'adjudant-major à 24 pas de la gauche du 1er bataillon, le chef de bataillon fera converser à droite pour se porter carrément sur la ligne ; arrivé à 3 pas de cette ligne, le bataillon sera arrêté et aligné à droite.

Fig. 2. Le guide de droite des autres bataillons, avançant l'épaule gauche, se dirigera de manière qu'en arrivant au point g, à hauteur du jalonneur de droite de son bataillon, placé d'avance sur la ligne, il se trouve dans une direction parallèle à cette ligne. Tous les bataillons seront arrêtés et alignés comme le deuxième.

Le chef de chaque bataillon se tiendra du côté de la direction, à hauteur de la division de la tête, pendant que son bataillon se portera sur la ligne de bataille.

Les adjudants-majors se détacheront de manière à précéder sur la ligne leur bataillon au moins de 60 pas. La ligne formée, le commandant en chef fera rentrer les guides.

On fera exécuter un changement de front en avant sur la gauche de la ligne, d'après les mêmes principes et par les moyens inverses.

PLANCHE HUITIÈME.

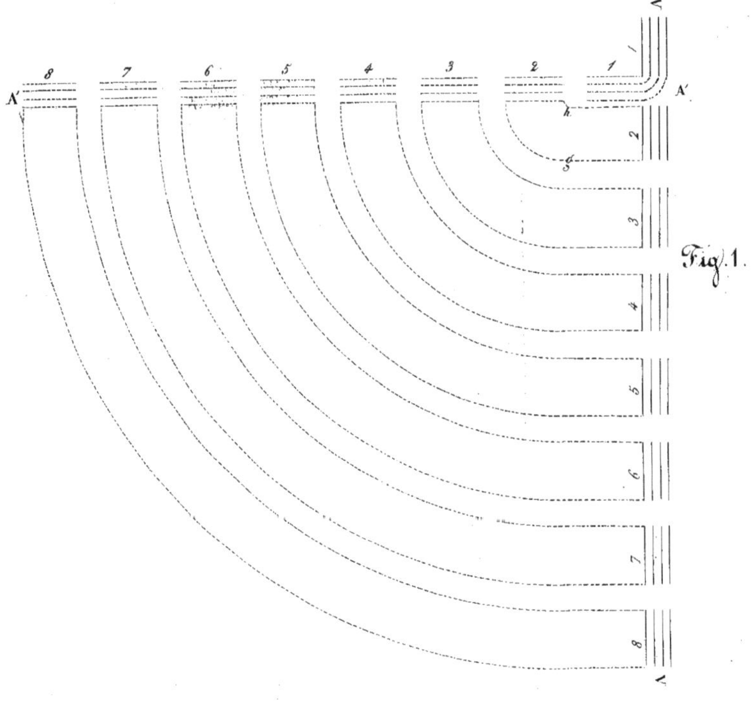

PLANCHE NEUVIÈME.

Changement de front en arrière de la ligne, sur la droite ou sur la gauche, par bataillons en masse.

Fig. 1re. Pour faire changer de front en arrière sur la droite de la ligne, le commandant en chef fera placer deux jalonneurs sur la nouvelle direction, fera établir le 1er bataillon sur cette ligne par un changement de direction par le flanc droit, et enverra un officier à cheval au point où devra arriver la gauche du dernier bataillon ; il commandera ensuite :

COMMANDEMENTS

Du Commandant en chef.	N^{os} DES BATAILLONS.	Des Chefs de bataillon.
Par bataillons en masse, changement de front en arrière sur le 1er bataillon.	TOUS,	*Par bataillons en masse, changement de front en arrière sur le 1er bataillon.*
	2,3,4,5,6, 7 et 8,	1° *Face par le 3e rang, bataillon demi-tour ; 2e bataillon en avant, guides à gauche.*
Pas accéléré = MARCHE.	TOUS,	*Pas accéléré* = MARCHE.

A ce commandement, les bataillons subordonnés se porteront sur la ligne, le guide de la tête avançant successivement l'épaule droite de manière à faire arriver carrément le bataillon au point où il doit traverser la ligne, lorsque la 1re division l'aura dépassée de 3 pas, le chef de bataillon arrêtera son bataillon, le remettra face en tête et l'alignera à droite. Les adjudants-majors établiront leurs jalonneurs en précédant leur bataillon de 50 pas sur la ligne. Le mouvement terminé, le commandant en chef fera rentrer les guides.

Le changement de front en arrière sur la gauche de la ligne s'exécutera d'après les mêmes principes et par les moyens inverses.

Changement de front sur un bataillon du centre, l'aile droite en avant par bataillons en masse.

Fig. 2. Le commandant en chef voulant faire exécuter un changement de front sur un bataillon du centre, l'aile droite en avant, fera placer deux jalonneurs devant l'emplacement que doit occuper la 1re division du 4e bataillon, et fera promptement établir ce bataillon par un changement de direction par le flanc droit ; il ordonnera en même temps à l'adjudant-major du 5e bataillon, de placer dans le prolongement de la ligne deux jalonneurs, le 1er à 24 pas de la gauche du 1er bataillon et le 2e à une distance telle que le bataillon puisse passer entre eux.

La base d'alignement étant ainsi établie, le commandant en chef commandera :

COMMANDEMENTS

Du Commandant en chef.	N^{os} DES BATAILLONS.	Des Chefs de bataillon.
Par bataillons en masse, changement de front sur le 4e bataillon, l'aile droite en avant.	TOUS,	*Par bataillons en masse, changement de front sur le 4e bataillon, l'aile droite en avant.*
	1, 2 et 3,	*Colonne en avant ; guides à gauche.*
	5, 6, 7 et 8,	1° *Face par le 3e rang, bataillon demi-tour ; 2e colonne en avant ; guides à gauche.*
Pas accéléré = MARCHE.	TOUS,	*Pas accéléré* = MARCHE.

Au commandement de marche, les bataillons se mettent en mouvement ; ceux de droite exécutent le changement comme il est prescrit pour les bataillons subordonnés dans le changement de front en avant sur la gauche de la ligne, et ceux de gauche comme les bataillons subordonnés dans le changement de front en arrière sur la droite de la ligne.

Le mouvement achevé, le commandant en chef fera rentrer les guides.

PLANCHE NEUVIÈME:

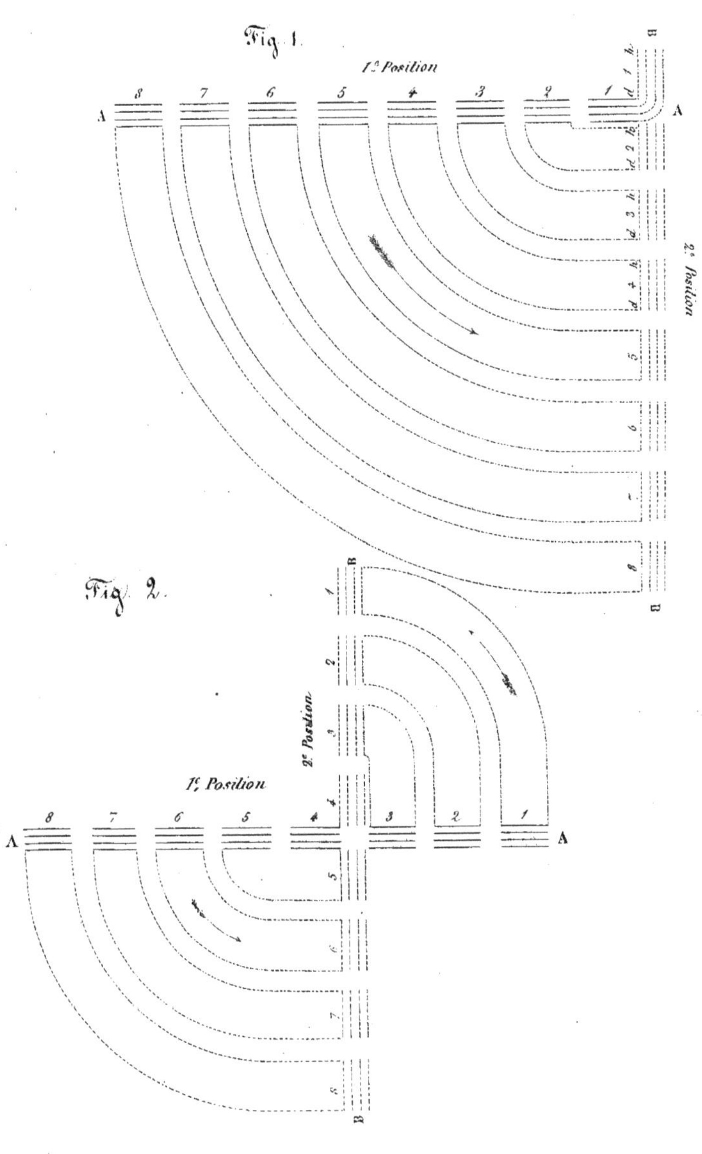

PLANCHE DIXIÈME.

Changement de front oblique en avant sur la droite de la ligne, par bataillons en masse.

Fig. 1re. Le commandant en chef voulant faire exécuter un changement de front oblique en avant sur la droite de la ligne, fera déterminer la nouvelle direction de la manière suivante :

L'adjudant-major du 1er bataillon se placera à 4 pas en avant de la file de droite de ce bataillon, fera face à gauche, marchera 30 pas parallèlement au premier rang, s'arrêtera, fera alors face à droite, et se portera perpendiculairement en avant du front du bataillon en comptant ses pas. Le commandant en chef, placé à la droite, l'arrêtera à l'instant où il couvrira le point de direction de gauche de la nouvelle position. L'adjudant-major restera en place et le commandant en chef, après s'être fait rendre compte du nombre de pas que cet adjudant-major aura marché, et qu'on suppose être de 25 pas, fera établir la base d'alignement en plaçant deux jalonneurs à distance de division, le premier devant la droite de la 1re division, le deuxième au point où s'est arrêté l'adjudant-major ; il fera ensuite prolonger cette ligne.

Le chef du 1er bataillon portera aussitôt contre les jalonneurs son bataillon en lui faisant faire une conversion. Lorsque la 1re division sera arrivée à 3 pas de l'emplacement qu'elle doit occuper, elle sera arrêtée par son chef et alignée à gauche ; les autres divisions continueront à marcher et à gagner du terrain à gauche, et elles seront arrêtées de même lorsque leurs guides de gauche seront arrivés à 6 pas des guides de la division qui les précède.

L'adjudant-major du 2e bataillon place aussitôt deux jalonneurs, le premier à 24 pas de la gauche du 1er bataillon, et le deuxième à distance de division sur le prolongement de la base d'alignement. Ces dispositions terminées, le commandant en chef commande :

COMMANDEMENTS

Du Commandant en chef.	Nos DES BATAILLONS.	Des Chefs de bataillon.
Par bataillons en masse, changement de front oblique en avant sur le 1er bataillon.	TOUS,	*Par bataillons en masse, changement de front oblique en avant sur le 1er bataillon.*
	2,3,4,5,6,7 et 8,	*Colonne en avant; guide à droite.*
Pas accéléré = MARCHE.	TOUS,	*Pas accéléré* = MARCHE.

Au deuxième commandement des chefs de bataillon, les chefs des 1res divisions se porteront au centre de leur division. Au dernier, tous les bataillons se mettront en mouvement, les guides de droite ayant soin d'avancer successivement l'épaule gauche, de manière qu'en arrivant à 24 pas de la ligne, la direction des bataillons, soit parallèle à la nouvelle position. Les adjudants-majors précéderont de 60 pas leur bataillon sur la ligne pour l'établissement des jalonneurs ; ils seront remplacés à la tête de la colonne par l'adjudant.

Le mouvement achevé, le commandant en chef fera rentrer les guides.

Les changements de front, en avant sur la gauche de la ligne, s'exécuteront d'après les mêmes principes.

Changement de front oblique en arrière sur la droite de la ligne.

Fig. 2. Le commandant en chef voulant faire exécuter un changement de front oblique en arrière sur la droite de la ligne, déterminera cette ligne de la manière suivante : L'adjudant-major du 1er bataillon se placera en arrière de la droite de ce bataillon, fera face à gauche, marchera 30 pas parallèlement au 3e rang, s'arrêtera, fera à gauche, et se portera ensuite perpendiculairement en arrière de la ligne en comptant ses pas. Le commandant en chef, placé à la droite, l'arrêtera à l'instant où il masquera le point de direction de gauche de la nouvelle position. L'adjudant-major restera en place, et le commandant en chef, après s'être fait rendre compte du nombre de pas qu'il aura marché, et que l'on suppose être 25, fera établir la base d'alignement, comme dans le mouvement précédent, ayant seulement soin d'espacer les jalonneurs d'un peu plus que distance de division. Le chef du 1er bataillon fera faire face par le 3e rang à son bataillon, et le portera en arrière de la ligne par une conversion à gauche presqu'à pivot fixe, traversera la nouvelle ligne, et lorsqu'il l'aura dépassée de 4 pas, l'arrêtera, le mettra face en tête par le 1er rang et alignera à droite.

L'adjudant-major du 2e bataillon place aussitôt deux jalonneurs sur le prolongement de la base d'alignement, le premier à 24 pas de la gauche du 1er bataillon, le deuxième à un peu plus que distance de division du premier.

Ces dispositions terminées, le commandant en chef commande :

COMMANDEMENTS

Du Commandant en chef.	Nos DES BATAILLONS.	Des Chefs de bataillon.
Par bataillons en masse, changement de front oblique en arrière sur le 1er bataillon.	TOUS,	*Par bataillons en masse, changement de front oblique en arrière sur le 1er bataillon.*
	2,3,4,5,6,7 et 8,	*Face par le 3e rang, bataillon demi-tour.*
Pas accéléré = MARCHE.	TOUS,	*Bataillon en avant, guide à gauche.* *Pas accéléré* — MARCHE.

Au deuxième commandement des chefs de bataillon, les chefs des 4es divisions se portent devant le centre de leur division ; à celui de MARCHE, tous les bataillons se porteront en arrière de la ligne, les chefs de ces bataillons ayant soin de faire avancer successivement l'épaule droite à leurs guides de gauche, de manière qu'après l'avoir traversée, les divisions soient établies parallèlement à la direction ; les chefs de bataillon arrêteront alors leur bataillon, le remettront face par le premier rang et aligneront à droite.

Les adjudants-majors et les adjudants se conformeront à ce qui a été prescrit dans le mouvement précédent.

Le mouvement terminé, le commandant en chef fera rentrer les guides.

PLANCHE DIXIÈME

Fig. 1.

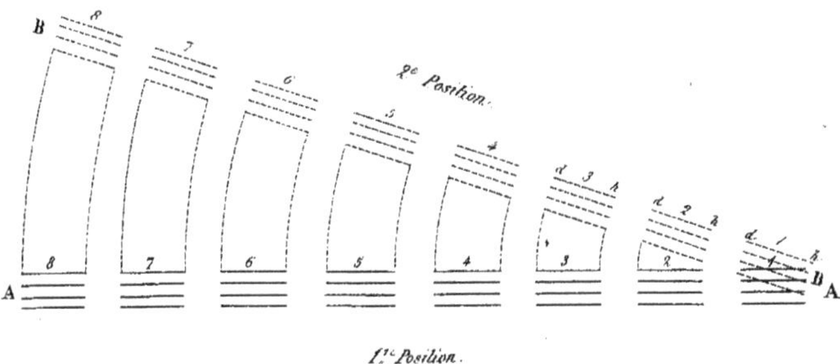

Fig. 2.

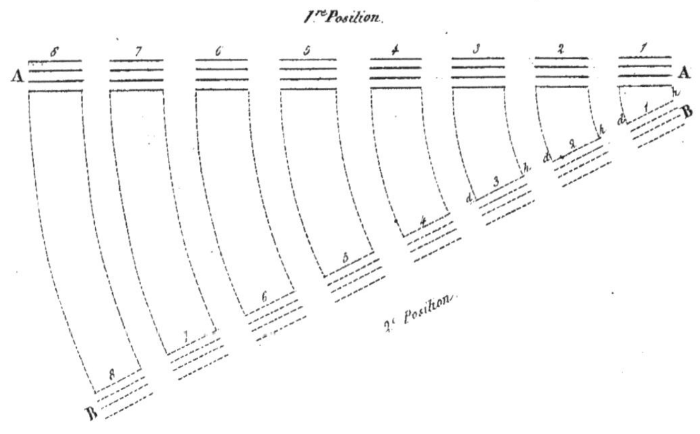

PLANCHE ONZIÈME.

Changement de front oblique sur le centre, l'aile droite en avant par bataillon en masse.

Fig. 1ʳᵉ. **Le** commandant en chef tracera la nouvelle direction de la même manière que dans les changements de front obliques sur la gauche ou sur la droite de la ligne; l'adjudant-major seulement comptera ses pas à partir de la droite ou de la gauche du bataillon sur lequel on opère.

La direction assurée, le commandant en chef commande :

COMMANDEMENTS

Du Commandant en chef.	Nᵒˢ DES BATAILLONS.	Des Chefs de bataillon.
Par bataillon en masse, changement de front oblique sur le 4ᵉ bataillon, l'aile droite en avant.	TOUS,	*Par bataillon en masse, changement de front oblique sur le 4ᵉ bataillon, l'aile droite en avant.*
	1, 2 et 3,	*Bataillon en avant, guide à gauche.*
	5, 6, 7 et 8.	*Face par le 3ᵉ rang; bataillon en avant, guide à gauche.*
Pas accéléré = Marche.	TOUS,	*Pas accéléré* = Marche.

Au dernier commandement tous les bataillons à la droite du 4ᵉ exécutent ce qui a été prescrit dans les changements de front en avant sur la gauche de la ligne, les 5ᵉ 6ᵉ 7ᵉ et 8ᵉ, ce qui a été prescrit dans les changements de front en arrière sur la droite de la ligne.

Le mouvement achevé, le commandant en chef fait rentrer les guides.

Fig. 2. Un changement de front oblique sur le centre de la ligne, l'aile gauche en avant par bataillon en masse, s'exécutera absolument de la même manière que le changement de front oblique sur le centre, l'aile droite en avant, si ce n'est ce qui a été prescrit aux bataillons de droite dans le premier cas, le sera aux bataillons de gauche, et réciproquement.

Dans sont commandement, le commandant en chef remplacera l'indication de l'aile droite en avant, par celle de l'aile gauche en avant.

PLANCHE ONZIÈME.

Fig. 1

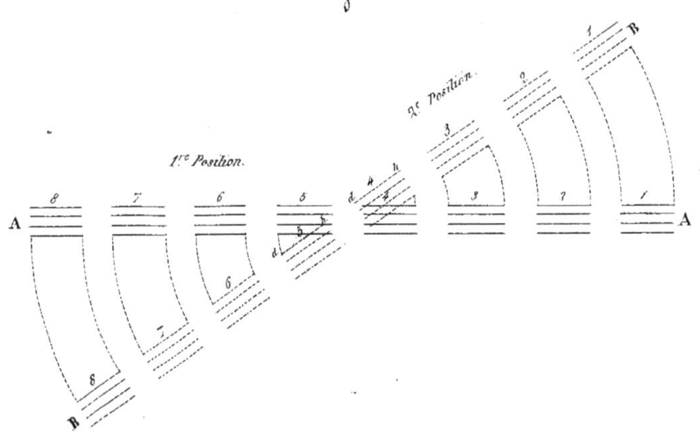

Fig. 2

PLANCHE DOUZIÈME.

Changement de front de bataillons en masse sur deux lignes.

Lorsque deux lignes placées l'une derrière l'autre devront changer de front, la première exécutera son mouvement comme si elle était seule.

La position de la seconde ligne étant nécessairement subordonnée à celle de la première, la seconde ne peut comme elle exécuter son mouvement à pivot fixe. En conséquence elle emploiera pour se porter sur la nouvelle position les moyens expliqués plus bas.

Le commandant de chaque ligne fera commencer son mouvement aussitôt que la base de sa nouvelle direction sera établie.

Changement de front, perpendiculaire en avant, sur la droite de la première ligne.

Fig. 1re. Deux lignes de huit bataillons en masse sont placés de manière que la 1re ligne soit débordée à droite par la seconde par un bataillon et demi; le commandant en chef voulant faire exécuter un changement de front en avant sur la droite de la 1re ligne, déterminera la direction de cette nouvelle ligne, placera deux jalonneurs devant l'emplacement que doit occuper la 1re division du 1er bataillon, et deux autres, le 1er à 24 pas de la gauche du 1er bataillon, et le second à distance de division de ce dernier; ces deux jalonneurs serviront à l'établissement du 2e bataillon. Cette base établie elle sera prolongée par un officier à cheval, qui ira déterminer le point d'extrême gauche.

Le commandant en chef ordonnera ensuite à un autre officier de tracer la nouvelle direction de la 2e ligne, qu'on suppose devoir être établie à 400 pas de la première et parallèlement à cette ligne. Il fera en même temps prévenir les commandants de chacune des deux lignes du mouvement qu'il veut exécuter.

L'officier désigné pour tracer la direction de la seconde ligne, se portera sur le front de la première à 400 pas du point d'appui de droite, placera un jalonneur B au point où il sera arrêté, un deuxième E à 100 pas du 1er, dans une direction perpendiculaire à la 1re ligne, enfin un troisième D au point où doit appuyer la droite de la ligne. Ces dispositions étant prises, le commandant de la seconde ligne fera mettre en colonne par un changement de direction par le flanc droit, les bataillons qui se trouvent à la droite du point d'intersection (dans la figure 1re tous les bataillons devront rompre), et les mettra en mouvement. Les bataillons se dirigeront vers la nouvelle ligne en exécutant au point *g* un changement de direction à droite; les guides de gauche se dirigeront de manière à faire arriver les bataillons en colonne en avant de la ligne tracée. Arrivée au point où doit appuyer la droite, la colonne sera arrêtée et formée face à droite en bataille.

Si des bataillons s'étaient trouvés à la gauche du point d'intersection de la nouvelle ligne avec l'ancienne, ces bataillons se seraient portés sur la ligne, commme ils l'ont fait dans le changement de front en avant sur la droite de la ligne.

La 1re ligne a exécuté son mouvement comme si elle était seule.

Les mouvements sur la gauche de la 1re ligne s'exécuteront d'après les mêmes principes.

PLANCHE DOUZIÈME.

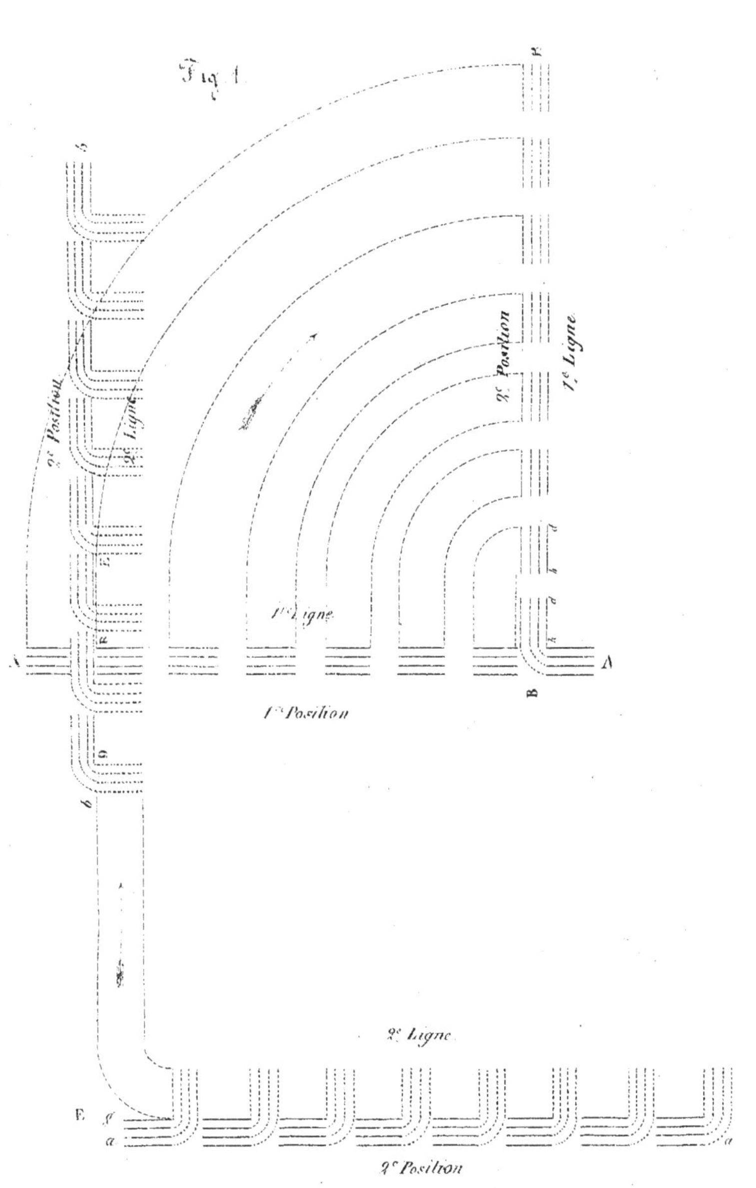

Changement de front de bataillons en masse, sur deux lignes, en arrière de la droite de la première ligne.

Fig. 1re. Le commandant en chef déterminera la nouvelle direction de la première ligne de la manière prescrite pour les changements de front en arrière sur la droite de la ligne.

Quant au tracé de la position de la seconde, il s'obtiendra par les moyens employés précédemment, excepté qu'au lieu de se porter à 400 pas sur le front de la 1re ligne, l'officier chargé de déterminer la nouvelle direction de la 2e ligne, marchera à droite sur le prolongement de la 1re, et placera un jalonneur *B* à 400 pas de la droite de cette ligne ; les autres jalonneurs seront établis comme dans le mouvement précédent. Le commandant de la 2e ligne fera rompre les bataillons par un changement de direction par le flanc droit, les mettra en mouvement en prenant le guide à droite, et après avoir établi sa colonne en avant de la nouvelle direction, il lui fera faire face à gauche en bataille.

Fig. 2. Si des bataillons devaient se trouver à droite de la direction de la colonne, le commandant de la ligne leur ferait faire face par le 3e rang, et ils se porteraient alors sur la nouvelle direction de la manière prescrite pour les changements de front en arrière sur la droite de la ligne.

Les mouvements sur la gauche de la ligne s'exécuteront d'après les mêmes principes.

PLANCHE TREIZIÈME.

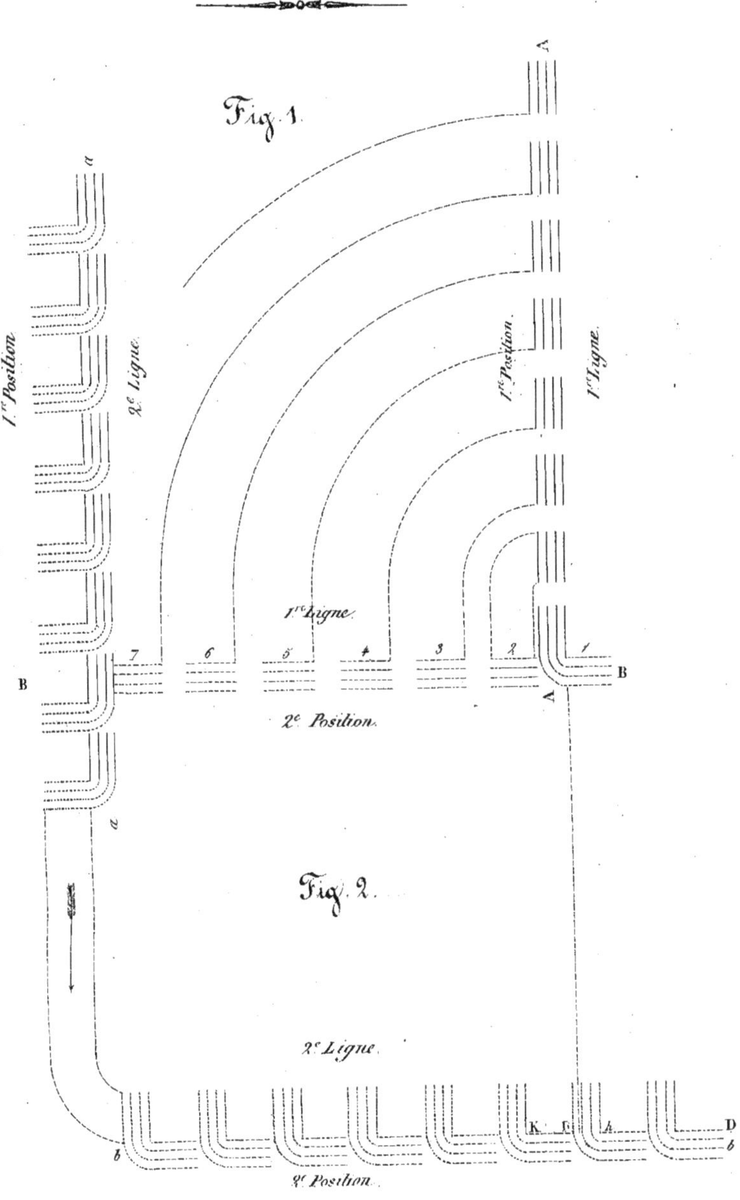

PLANCHE QUATORZIÈME.

Changement de front perpendiculaire sur le cinquième bataillon de la première ligne, l'aile gauche en avant.

Fig. 1re. Le commandant en chef voulant faire exécuter un changement de front sur le 5ᵉ bataillon de la 1ʳᵉ ligne, en portant l'aile gauche en avant, déterminera la nouvelle direction de cette ligne, en plaçant deux jalonneurs à la gauche du 5ᵉ bataillon; pour lui faire exécuter un changement de direction par le flanc gauche, il en fera établir deux autres en arrière de la ligne, et sur le prolongement de ceux déjà placés, le premier à 24 pas de la droite de celui où doit appuyer la droite du 5ᵉ bataillon, le deuxième à plus que distance de division; ces deux jalonneurs détermineront l'emplacement du 4ᵉ bataillon.

La base de la nouvelle direction de la première ligne ainsi établie, le commandant en chef la fait prolonger à droite ou à gauche.

La nouvelle position de la seconde ligne sera déterminée par un officier, qui, à cet effet, se portera sur le front de la 1ʳᵉ ligne, vers la gauche, à 400 pas de la gauche du 5ᵉ bataillon; il placera un jalonneur D au point où il sera arrêté, un autre E à 100 pas en avant de la 1ʳᵉ ligne, et parallèlement à la nouvelle, et un 3ᵉ *h* à 100 pas en arrière sur le même prolongement.

La base de la nouvelle direction de la seconde ligne ainsi établie, on la fera prolonger à droite et à gauche, et on placera un jalonneur C au point d'intersection de la nouvelle ligne avec l'ancienne.

Fig. 2. Ces dispositions prises, chaque commandant de ligne fera exécuter son mouvement.

Pour celui de la seconde, les huit bataillons se mettent en colonne, changent de direction à droite, et ils sont arrêtés quand le 1ᵉʳ bataillon est arrivé à hauteur de la droite de la ligne et formés face à droite en bataille.

On exécutera un changement de front central, l'aile droite en avant, d'après les mêmes principes.

PLANCHE QUATORZIÈME.

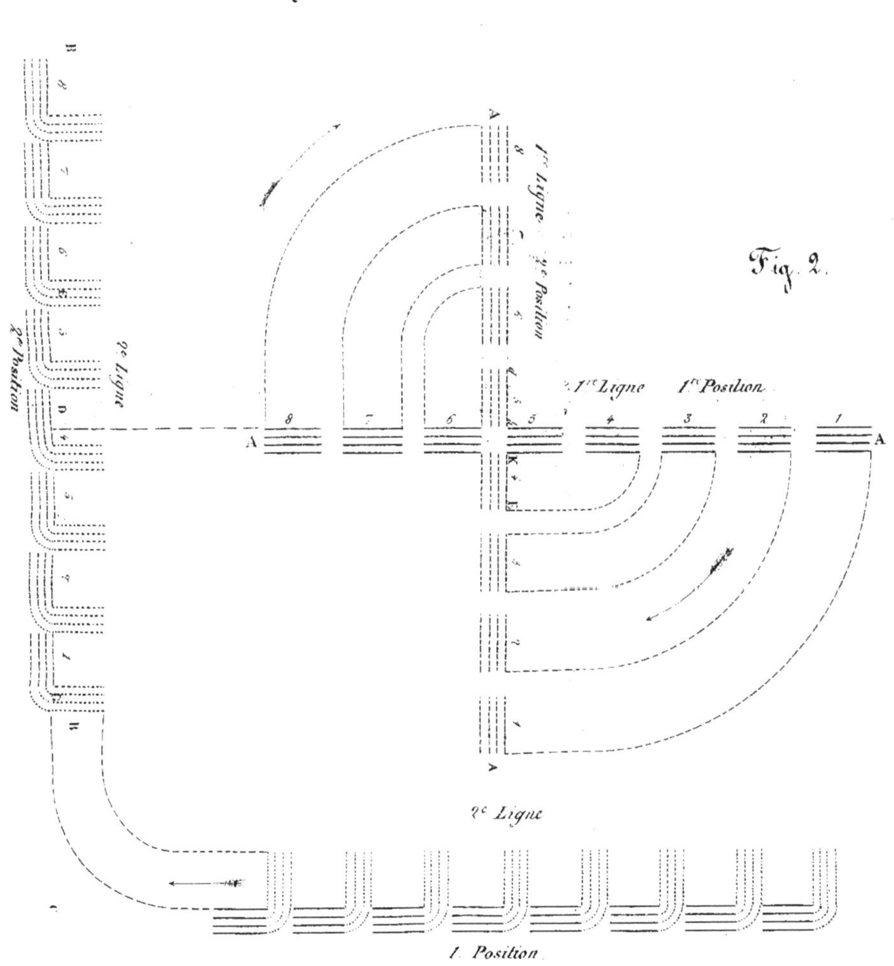

PLANCHE QUINZIÈME.

Changement de front oblique sur deux lignes, par bataillon en masse, sur la droite de la première ligne.

Fig. 1re. La première ligne est jalonnée et déterminée comme dans le mouvement d'une seule ligne, et la formation s'exécute de même.

Pour déterminer la seconde, il faut que l'officier qui en est chargé, après avoir marché plus ou moins le long de la première ligne, suivant l'obliquité de la nouvelle position (dans la figure, 580 pas), fasse exécuter par l'adjudant-major du bataillon le plus rapproché de lui, l'opération faite pour obtenir le tracé de la première ligne, afin d'établir le parallélisme des deux lignes.

Le point d'intersection de la nouvelle seconde ligne et de l'ancienne, déterminé, tous les bataillons placés à la droite de ce point, rompent en colonne, se prolongent dans la nouvelle direction et sont formés face à droite en bataille.

Fig. 2. Les autres bataillons se portent sur la ligne comme dans le mouvement de en avant en bataille.

Le mouvement sur la gauche de la ligne s'exécutera comme celui de la droite ; l'officier chargé de tracer la direction de la seconde se portera à la gauche et sur le prolongement de la 1re ligne, à la distance qu'il croira convenable, c'est-à-dire d'autant plus loin que l'angle formé par la nouvelle direction avec l'ancienne sera plus petit. Là, il répètera l'opération qui a été indiquée plus haut et qui assure le parallélisme des deux lignes.

PLANCHE QUINZIÈME:

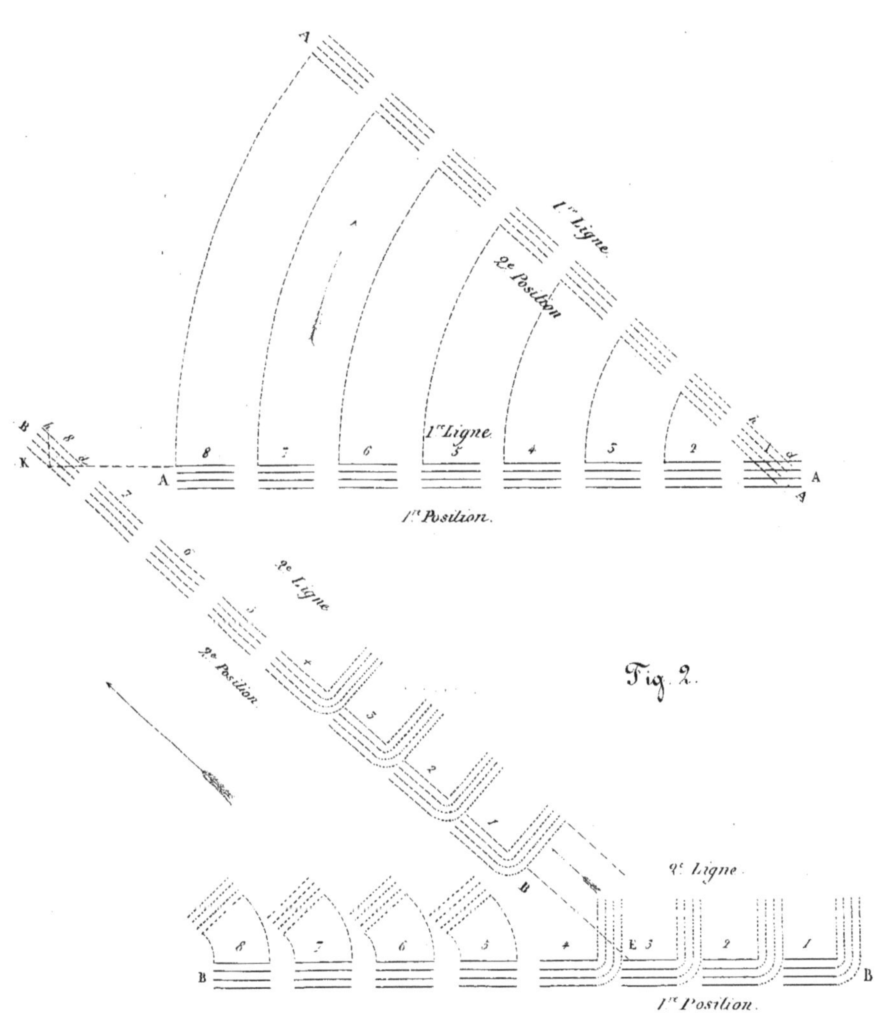

PLANCHE SEIZIÈME.

Changement de front de bataillons en masse sur deux lignes, obliquement sur le cinquième bataillon, l'aile gauche en avant.

Fig. 1re. La direction de la nouvelle position de la première ligne se déterminera comme dans le mouvement d'une ligne isolée, la formation s'exécutera de même.

Pour tracer la direction de la seconde ligne, un officier, désigné par le commandant en chef, se portera à partir de la droite du 5ᵉ bataillon et en marchant vers la gauche, plus ou moins loin, suivant l'obliquité de la ligne (dans la figure, 580 pas), arrivé au point G, il fera répéter par l'adjudant-major du bataillon le plus rapproché de lui, l'opération qui a été faite pour l'établissement de la première ligne; la direction ainsi obtenue est prolongée jusqu'au point d'intersection E; tous les bataillons se trouvant à la droite de ce point, rompent par bataillon à gauche, se prolongent dans la nouvelle direction BB, et sont formés face à droite en bataille. Si des bataillons se trouvaient à la gauche du point d'intersection, ils se formeraient sur la ligne par le mouvement qui a été indiqué dans le changement de front en avant sur la droite de la ligne.

Pour porter l'aile droite en avant, on emploierait les mêmes principes et les moyens inverses.

Fig. 2. Si, arrivée au point où elle doit être arrêtée, la colonne composée des bataillons de la seconde ligne, n'était pas entièrement entrée dans la nouvelle direction, les chefs des bataillons qui n'auraient pas conversé à droite, les porteront sur cette direction et à distance de déploiement de ceux déjà établis; ce mouvement s'opérerait par un changement de direction par le flanc gauche.

PLANCHE SEIZIÈME.

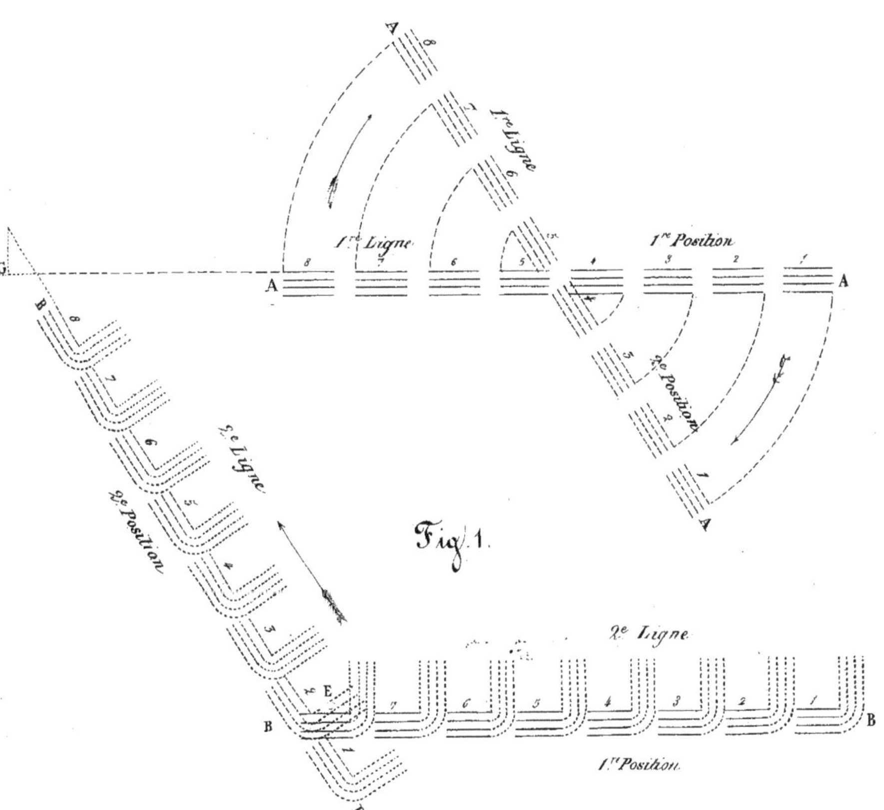

PLANCHE DIX-SEPTIÈME.

Ordre en échelons d'une ligne de bataillons en masse.

Fig. 1ʳᵉ. On peut former les échelons parallèlement ou obliquement à la ligne de bataille par la droite ou par la gauche de la ligne, par régiment ou par brigade.

On suppose les régiments composés de deux bataillons, les brigades de quatre et les divisions de huit bataillons.

Lorsque le commandant en chef voudra former les échelons directs par la droite, par régiment, il commandera :

1° *Échelons par régiment, à 100 pas.*
2° *En avant par la droite, formez les échelons.*

Fig. 2. Les commandements ayant été répétés, le commandant du régiment de la droite de la ligne se mettra en marche en prenant son premier bataillon pour bataillon de direction.

Le bataillon de droite du 1ᵉʳ échelon devant régler la marche de tous, son chef fera placer des jalonneurs DHE sur la direction que le guide de droite de la 1ʳᵉ division devra suivre. Les échelons se mettront successivement en marche, en observant de laisser entre eux le nombre de pas prescrit dans chaque échelon subordonné, un sous-officier, désigné d'avance, se placera sur le prolongement des guides de gauche de l'échelon qui précède le sien, à hauteur de son bataillon, il marchera avec le plus grand soin sur leur trace, et assurera ainsi la conservation de la distance d'un échelon à l'autre.

Fig. 3. Les échelons étant en marche, lorsque le commandant en chef voudra reformer la ligne, il ordonnera au chef du 1ᵉʳ échelon de l'arrêter, déterminera la direction qu'il voudra donner à la ligne, et l'y fera établir. Les autres échelons continueront à marcher, seront arrêtés successivement par leur chef respectif, et alignés à droite. Le dernier étant correctement aligné, le commandant en chef fera rentrer les guides.

On formera les échelons à gauche d'après les mêmes principes.

Si le commandant en chef voulait faire marcher la ligne en retraite par échelons, il commanderait :

1° *Échelons par régiment, à 100 pas.*
2° *En retraite par la droite, formez les échelons.*

Le mouvement s'exécuterait comme celui qui vient d'être expliqué, avec cette différence qu'au dernier commandement, le chef du 1ᵉʳ échelon lui fera faire face par le 3ᵉ rang, et se portera en arrière de la ligne ; chaque échelon subordonné fera successivement le même mouvement. Arrivé au point où le commandant en chef veut reformer la ligne, le 1ᵉʳ échelon s'arrêtera et fera face par le 1ᵉʳ rang. Les autres continueront à marcher, dépasseront la ligne de bataille et s'y établiront après s'être remis face en tête.

PLANCHE DIX-SEPTIÈME.

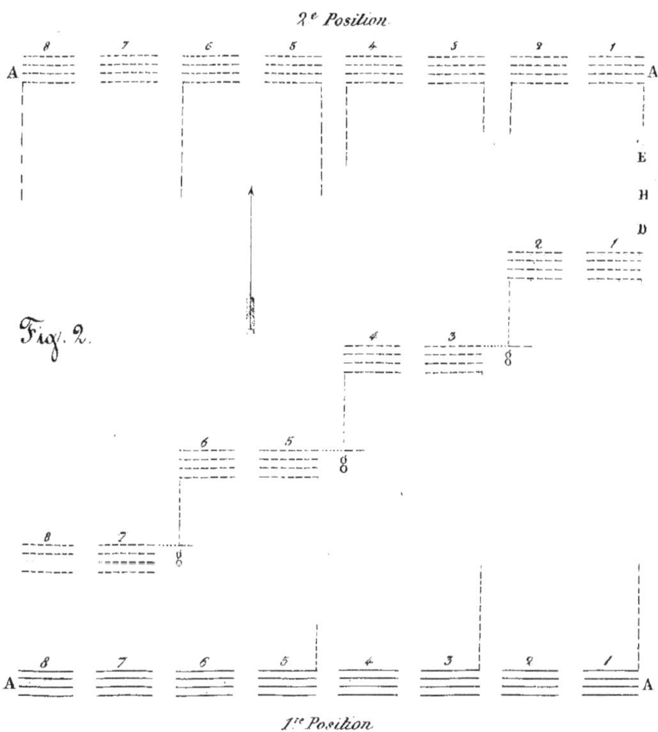

PLANCHE DIX-HUITIÈME.

Échelons obliques d'une ligne de bataillons en masse.

Fig. 1re. Lorsque les échelons devront être formés obliquement à la ligne de bataille, le commandant en chef commandera :

> 1° *Échelons obliques à 30 pas par régiment.*
> 2° *En avant par la droite, formez les bataillons.*

Ces commandements ayant été répétés, chaque commandant de régiment fait exécuter un changement de front obliquement sur le 1er bataillon. A cet effet, l'adjudant–major du 1er bataillon de chaque échelon établira la direction des échelons en marchant 30 pas perpendiculairement en avant.

A mesure que chacun des échelons subordonnés aura changé de front, le commandant de cet échelon le fera décroiser ; à cet effet, il le fera mettre en colonne en rompant par bataillon à gauche, il ordonnera en même temps au guide général de droite du second bataillon, de se porter sur le prolongement des guides de gauche, un peu au delà du point où doit arriver la gauche de l'échelon remise bataille.

Fig. 2. Le guide général étant correctement établi, le commandant de l'échelon mettra la colonne en marche pour la prolonger sur la ligne, et lorsqu'il y aura 24 pas d'intervalle entre le premier bataillon et le deuxième de l'échelon qui est à sa droite, il arrêtera la colonne, et la formera face à droite en bataille.

Les échelons ainsi disposés, marcheront, seront arrêtés ou réformés en ligne par les mêmes moyens que ceux employés pour les échelons directs.

On formera les échelons obliques par la gauche d'après les mêmes principes.

PLANCHE DIX-HUITIÈME.

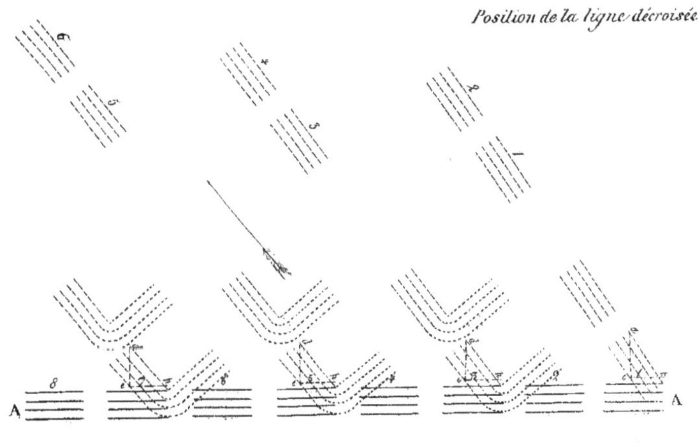

Fig. 1.

PLANCHE DIX-NEUVIÈME.

Carré en échelons.

Une ligne de bataillons en masse peut être partagée en plusieurs carrés disposés en échelons.

La distance entre chaque échelon sera telle que les carrés étant formés, la première face du second se trouve être au moins à 50 pas en arrière de la 4ᵉ face de l'échelon qui est à sa droite et parallèlement à ce dernier.

Si le commandant en chef veut faire former les carrés en échelons sur le centre de la ligne, il commandera :

> 1° *Pour former le carré,*
> 2° *Echelons par régiment à 100 pas,*
> 3° *Sur le 3ᵉ régiment, l'aile droite en avant, formez les échelons.*
> 4° *Pas accéléré* = MARCHE.

Ces commandements ayant été répétés, la portion de la ligne qui doit former l'échelon base du mouvement, ne bougera pas, les autres échelons se mettront en marche tous en même temps, prenant le guide du côté de l'échelon de direction. Soit qu'ils se forment en avant ou en arrière, ils seront arrêtés par leurs chefs respectifs à mesure qu'ils auront dépassé du nombre de pas indiqué, l'échelon voisin du côté de la direction.

Fig 1ʳᵉ. Aussitôt le mouvement commencé, l'échelon base du mouvement formera le carré ; le chef de chacun des autres échelons après l'avoir arrêté, rectifiera l'alignement de manière qu'il soit parallèle à celui de l'échelon de direction, et fera ensuite former le carré.

La formation des carrés peut se faire de deux manières ; la première en faisant changer de direction par le flanc gauche et prenant ensuite les distances de peloton sur la 4ᵉ division du 2ᵉ bataillon de chaque échelon.

La seconde, qui présente plus d'avantage, s'exécutera de la manière suivante.

Le commandant de chaque échelon commandera :

> *Pour former le carré,*
> *Bataillon à gauche et à droite,*
> *Pas accéléré* = MARCHE.

Les bataillons marcheront par le flanc à la rencontre l'un de l'autre, et lorsqu'ils seront près de se rejoindre, le chef de la double colonne les arrêtera, leur fera faire front et prendre les distances de division sur la 1ʳᵉ de chaque bataillon. Cette opération terminée, il commandera :

> *Formez le carré.*
> *Pas accéléré* = MARCHE.

Fig. 2ᵉ. A ce dernier commandement, la 1ʳᵉ division de chaque bataillon ne bougera pas. Les 2ᵉ et 3ᵉ du 1ᵉʳ bataillon feront à gauche en bataille, et la 4ᵉ, après avoir serré fera face en arrière. Les 2ᵉ et 3ᵉ du 2ᵉ bataillon fera à droite en bataille, et la 4ᵉ division, après avoir serré fera face en arrière.

Cette formation des carrés offre les avantages :

1° De conserver le parallélisme des échelons et la distance entre eux ;

2° D'avoir quatre faces égales et par conséquent des feux parfaitement répartis ;

3° De pouvoir se remettre facilement en colonne sans déranger l'ordre des échelons.

Les carrés seront rompus par les moyens prescrits dans l'Ordonnance sur les manœuvres.

PLANCHE DIX-NEUVIÈME

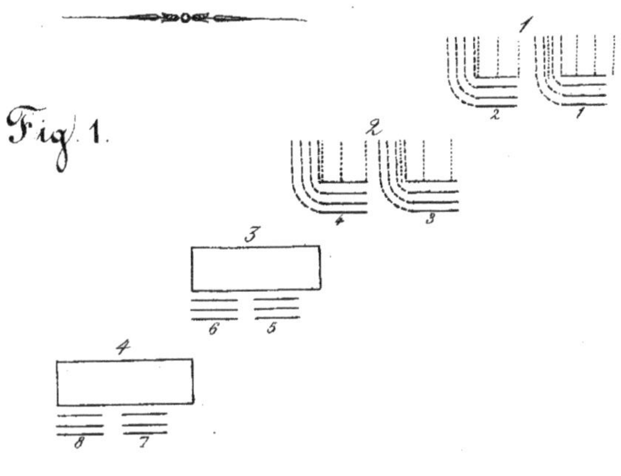

Fig. 1.

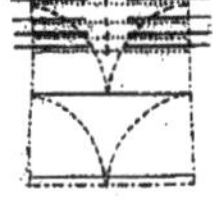

Fig. 2.

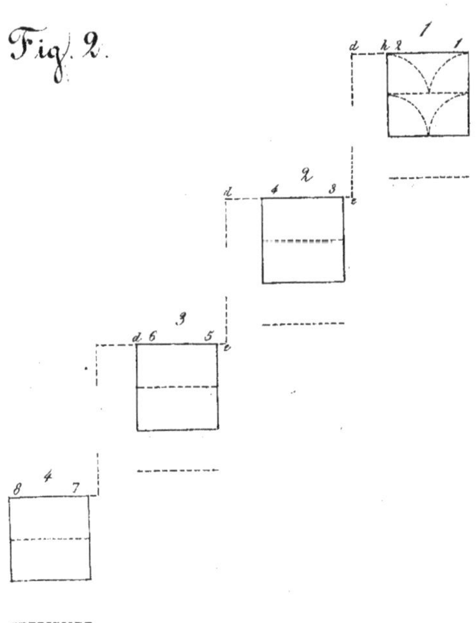

Retraite en échiquier par bataillon en masse, formation des carrés dans cet ordre.

Fig. 1re. La retraite en échiquier s'exécutera, par les bataillons impairs et pairs alternativement, comme le prescrit l'article XII des évolutions de ligne, pour une ligne de bataillons déployés.

La retraite en échiquier, par bataillon en masse, offre les moyens de résister facilement à une attaque de cavalerie, soit (*Fig.* 2) en se formant en *colonne contre la cavalerie*, soit (*Fig.* 3) en prenant les distances de peloton sur la 1re division et formant le carré.

Fig. 2. Ces deux formations ne s'exécuteront qu'après un changement de direction par le flanc droit ou le flanc gauche, la direction étant déterminée de la manière expliquée à l'article de la formation des échelons obliques.

Fig. 3. La ligne ainsi établie présente une suite de carrés obliques dont les feux se croisent en tous sens.

PLANCHE VINGTIÈME

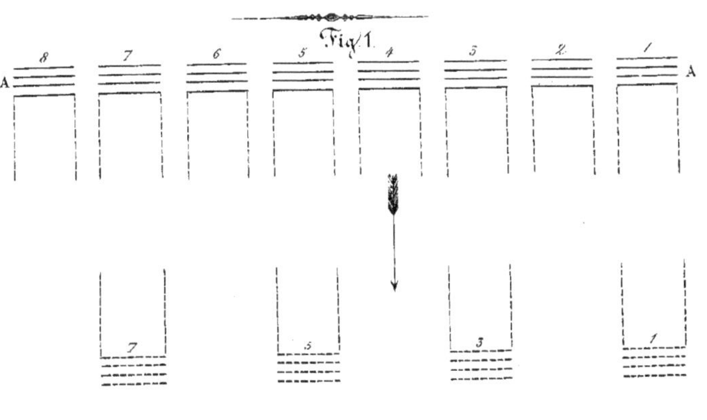

Fig. 2

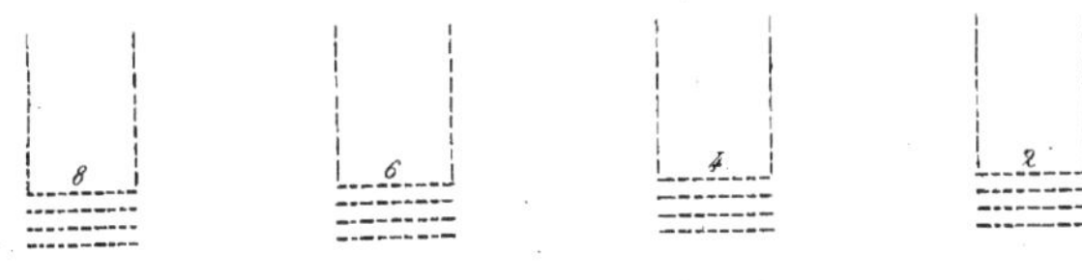

Fig. 3

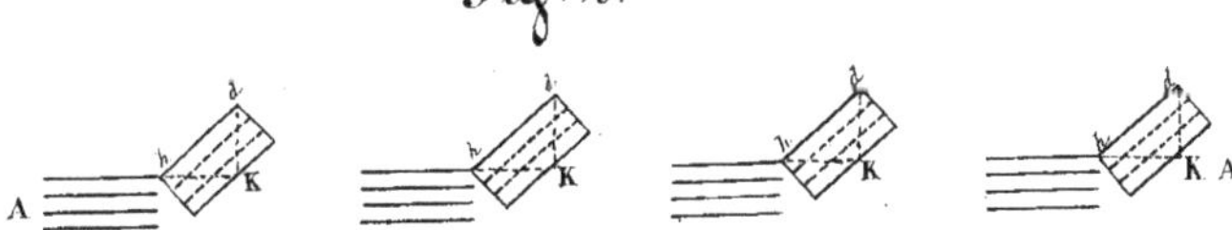

Passage des lignes en avant.

Le commandant en chef voulant faire exécuter le passage des lignes en avant, il commandera :

Passage des lignes en avant.

Fig. 1ʳᵉ. Ce commandement sera répété par tous les chefs de bataillon ; le commandant de la seconde ligne BB, la fera ployer en colonne double par bataillon en masse ; les chefs des 4ᵉ et 5ᵉ bataillons de la ligne AA feront faire face par le 3ᵉ rang, et ensuite rompre leur bataillon ; le premier, par bataillon à droite ; le second, par bataillon à gauche, et fourniront ainsi l'espace nécessaire au passage de la colonne double. Cette dernière se mettra en marche, et sera arrêtée à 400 pas, après avoir dépassé la première. Le commandant de la seconde ligne fera alors jalonner la direction BB, et déploiera la colonne par le mouvement de : en avant en bataille sur les 4ᵉ et 5ᵉ bataillons.

Fig. 2. Aussitôt que la seconde ligne aura traversé la première, les chefs des 4ᵉ et 5ᵉ bataillons se remettront en bataille ; le premier, par le mouvement de face à droite en bataille, et le second, par celui de face à gauche.

Le passage des lignes en retraite s'exécutera comme celui qui vient d'être expliqué ; la seconde ligne se ploiera toujours en colonne double ; la première fera face par le 3ᵉ rang, et les 4ᵉ et 5ᵉ bataillons se porteront en arrière des 3ᵉ et 6ᵉ, par l'application des changements de direction en marchant par bataillons en masse.

Fig. 2.

Nouvelle position de la deuxième Ligne

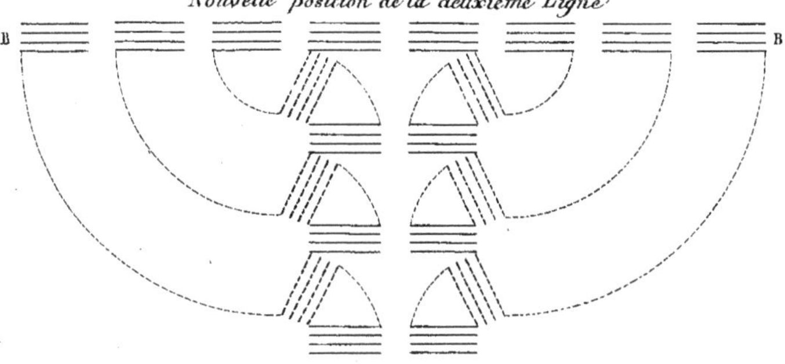

Fig. 1.

1.re Ligne

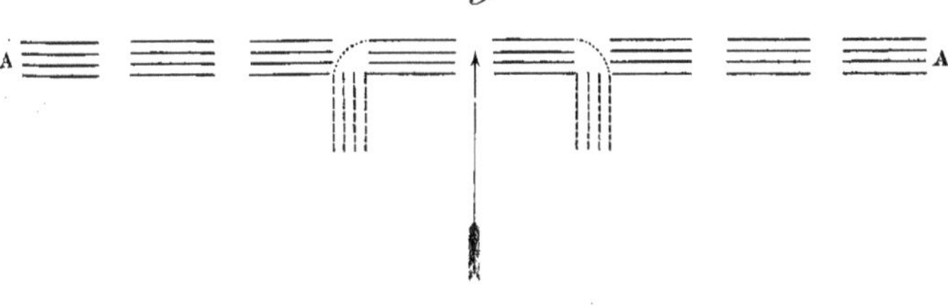

2.e Ligne

PLANCHE VINGT-DEUXIÈME.

Passage des lignes en avant.

La colonne double par bataillon en masse a l'avantage de pouvoir traverser une grande étendue de terrain sans craindre d'être inquiétée par la cavalerie si nombreuse qu'elle soit. Dans cette formation, elle est flanquée par son artillerie, et en cas d'attaque elle peut se mettre en état de défense, soit en prenant les dispositions de la colonne contre la cavalerie, telles qu'elles sont prescrites aux évolutions de ligne (article 925), soit en formant le carré de la manière suivante.

Fig. 1ʳᵉ. La colonne étant arrêtée, le commandant en chef après avoir fait placer les bagages dans les intervalles des bataillons, il commandera :

> 1° *Formez le carré,*
> 2° *Pas accéléré =* Marche.

Au second commandement, les premières divisions des 1ᵉʳ, 2ᵉ et 3ᵉ bataillons se formeront à droite en bataille; les premières des 6ᵉ, 7ᵉ et 8ᵉ à gauche en bataille; les files d'extrême droite dans les bataillons de gauche feront les premières, un à droite; les seconds, un à gauche. La 4ᵉ division du 1ᵉʳ et du 8ᵉ bataillon feront face par le 3ᵉ rang.

L'artillerie sera en partie placée aux points A et B, et dans le cas où le commandant en chef le jugerait à propos; on ferait mettre trois ou quatre files en arrière dans les différentes divisions qui ont fait, soit à droite, soit à gauche en bataille et l'intervalle *d h*, entre les bataillons, deviendrait alors assez considérable pour permettre la manœuvre du reste des pièces d'une batterie.

Pour rompre le carré les divisions qui se sont formées en bataille seront, celles des bataillons de droite, alignées en arrière à droite; celles des bataillons de gauche, en arrière à gauche.

Les 4ᵉ divisions des 7ᵉ et 8ᵉ bataillons se remettront face par le premier rang, et les files, qui ont fait soit à droite, soit à gauche, reprendront leur première position par le mouvement inverse.

PLANCHE VINGT-DEUXIÈME.

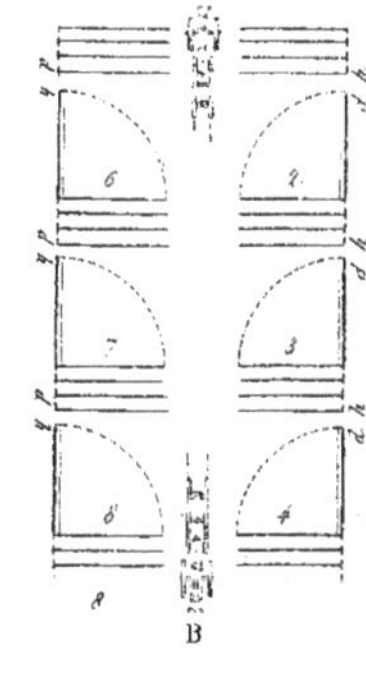

PLANCHE VINGT-TROISIEME.

Défiler par bataillon en masse.

On suppose une division d'infanterie composée de deux brigades et formée en colonne de huit bataillons en masse. Avant de commencer le mouvement, on fait prendre les distances de déploiement, vingt-quatre pas, sur le 1er bataillon de la première brigade. L'intervalle qui séparera la première brigade de la 2e, sera de quarante pas.

Les musiques et tambours de chaque régiment seront placés en tête de chaque brigade.

COMMANDEMENTS

Du Commandant en chef.

Pour défiler par bataillon en masse.
Guide (à droite ou à gauche).
Pas accéléré = Marche.

Répétés par tous les chefs de colonne.

Le défiler commencé, les musiques et tambours de chaque brigade se placent successivement en face de la personne à qui on rend les honneurs. Chaque chef de colonne et les officiers supérieurs saluent de l'épée, à quatre pas avant d'arriver à la hauteur de cette personne.

Cette manière de défiler, plus imposante et plus militaire, est, du reste, celle qui a été adoptée au camp de manœuvres de Compiègne, par Son Altesse royale Monseigneur le Duc d'Orléans.

Le règlement prescrit que l'officier général ou supérieur qui fait défiler viendra se placer du côté opposé à la direction et en face de la personne à qui on rend les honneurs. Il serait plus convenable qu'il se plaçât à sa gauche pendant le défiler, afin de pouvoir prendre ses ordres; et, en même temps, appeler son attention sur les officiers pendant le défiler.

PLANCHE VINGT-TROISIÈME.

A Désigne la personne à qui l'on rend les honneurs.

B Celle qui marche après à deux pas en arrière sur la droite.

C Celle qui vient après et successivement par grade de la gauche à la droite. Les aides de camp sont placés en arrière et à hauteur des officiers généraux auxquels ils sont attachés.

1. Général commandant en chef.
2. Général commandant la brigade.
3. Colonel.
4. Chef de bataillon.
5. Chef de bataillon.
6. Colonel.
7. Chef de bataillon.
8. Chef de bataillon.
9. Général commandant la brigade.
10. Colonel.
11. Chef de bataillon.
12. Chef de bataillon.
13. Colonel.
14. Chef de bataillon.
15. Chef de bataillon.
16. Le chef qui fait défiler se place du côté opposé à la direction et en face de la personne à qui on rend les honneurs.
17. Chaque commandant de brigade vient se placer successivement à côté du commandant en chef.

X. Emplacement des musiques.
Y. Les tambours.
Z. Les sapeurs.

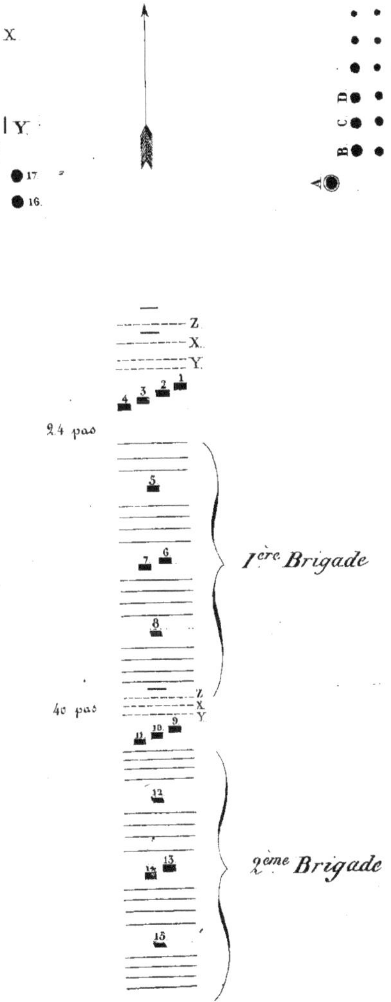

MOUVEMENTS

DE BATAILLONS DÉPLOYÉS

DONT L'APPLICATION A ÉTÉ RECONNUE NÉCESSAIRE DANS PLUSIEURS CIRCONSTANCES.

1° *Formation en carré d'une ligne de quatre bataillons déployés.*

2° *Contre-marche en bataille de plusieurs bataillons déployés.*

3° *Formation d'une colonne à distance de peloton, face à droite ou à gauche en bataille.*

4° *Carré central d'un bataillon avec les quatre côtés faisant face par le premier rang.*

5° *Carré central de deux bataillons avec les quatre côtés faisant face par le premier rang.*

PLANCHE PREMIÈRE.

Formation en carré d'une ligne de quatre bataillons déployés de manière à ce que chaque face soit formée d'un bataillon.

Fig. 1re. Le commandant en chef de quatre bataillons ou d'une brigade, voulant la faire former en carré, établira sa base sur le 2e bataillon, et commandera ensuite :

COMMANDEMENTS

Du Commandant en chef.	Nᵒˢ DES BATAILLONS.	Des Chefs de bataillon.
Pour former le carré, par bataillon en ligne.	1, 2, 3 et 4,	*Pour former le carré, par bataillon en ligne.*
Sur le deuxième bataillon, formez le carré.	1, 2, 3 et 4,	*Sur le deuxième bataillon, formez le carré.*
	1,	*Changement de front en arrière sur le huitième peloton.*
		Bataillon demi-tour, par peloton demi à droite.
	3,	*Changement de front en arrière, sur le premier peloton, etc.*
	4,	*Colonne double à distance de peloton, etc. face par le troisième rang.*
Pas accéléré = Marche.	TOUS,	*Pas accéléré* = Marche.

Au commandement de marche, chaque bataillon exécutera son mouvement, le 8e peloton du 1er bataillon, et le premier du 3e ayant eu soin d'appuyer contre la droite et la gauche du 2e bataillon.

Le chef du 4e, aussitôt que le guide de gauche de sa 1re division sera à hauteur de la dernière file de gauche du 3e bataillon, lui fera faire par le flanc gauche, l'arrêtera aux points *dn*, déterminés d'avance par l'adjudant-major, le remettra face par le premier rang, et déploiera.

Pour rompre le carré, le 1er bataillon change de front en avant sur le 8e peloton; le 3e exécute le même mouvement sur le 1er, ces deux pelotons ayant soin de se porter vingt-quatre pas en avant pour que chacun des bataillons reprenne son intervalle; le 4e se met face en tête, se ploie en colonne double, se porte carrément sur la ligne, et déploie.

Ce mode de formation permet de mettre à l'abri de toute attaque un convoi considérable, que l'on peut parquer dans l'intérieur du carré. L'artillerie, dans ce cas, pourra être utilisée en établissant une pièce dans chaque angle.

Les armes seront mises en faisceaux en faisant faire face par le 3e rang, les hommes bivouaqueront en avant de leurs armes, et pourront se garantir de toute surprise en ouvrant un fossé devant eux.

On peut faire exécuter le mouvement du 4e bataillon en le faisant ployer en masse par division la droite en tête, faire marcher par le 3e rang et déployer sur la 4e division.

Fig. 1.

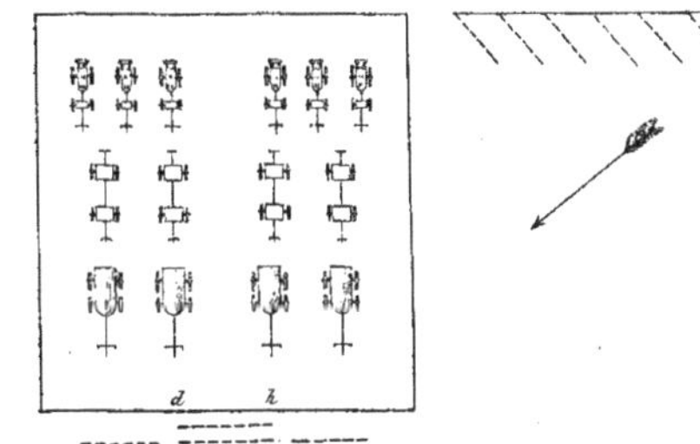

PLANCHE DEUXIÈME.

Contre-marche en bataille de plusieurs bataillons déployés.

Fig. 1re. On suppose une ligne de quatre bataillons AA; le commandant de cette ligne, voulant lui faire exécuter la contre-marche, ordonnera aux deux bataillons de droite de rompre par peloton à gauche, et aux deux bataillons de gauche de se former en colonne par peloton en arrière à gauche.

Fig. 2. Après que cette dernière colonne a fait face par le 3e rang, il mettra les deux colonnes en mouvement; celle de droite, aussitôt que le 8e peloton du 2e bataillon sera arrivé à hauteur du jalonneur *d*, se formera sur la gauche en bataille; la colonne de gauche exécutera le même mouvement quand le premier peloton du 3e bataillon sera arrivé au point *g*. Les chefs de peloton des deux derniers bataillons les remettront successivement face par le 1er rang, et les aligneront à droite.

Les adjudants-majors des 2e et 3e bataillons auront soin d'établir leurs jalonneurs exactement sur l'ancienne direction.

Pour faciliter le mouvement, on pourra faire déboiter les colonnes de l'épaisseur d'un peleton (*fig.* 3.)

PLANCHE DEUXIÈME.

Fig. 1.
4
3
2
1
8 7 6. 5 4 3 2 1
A A

Fig. 2
4
3
2
1
8 7 6 5 4 3 2 1
A A

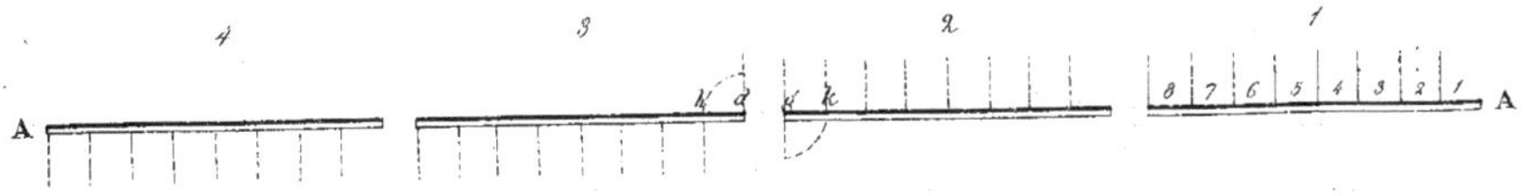

Fig. 3.
2
1
3
4
1
2
3
4

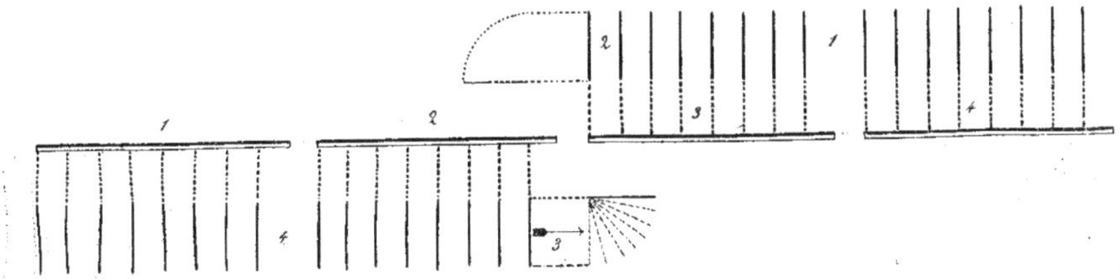

Formation d'une colonne à distance de peloton, face à droite ou face à gauche en bataille.

Fig. 1ʳᵉ. Soit AA le bataillon en colonne la droite en tête; son chef, voulant lui faire occuper la ligne **BB** en faisant face à gauche, commandera :

1° *Par le flanc droit en bataille.*
2° *Guides à droite.*
3° *Bataillon à droite.*
4° *Par file à gauche.*
5° *Pas accéléré =* **Marche.**
    Guides à vos places.

Au 2ᵉ commandement Guides à droite, l'adjudant-major rectifiera la position des guides de droite, le guide général de droite ira se placer en même temps sur l'alignement de ceux-ci et à distance de peloton de celui de la tête. Au 3ᵉ, le bataillon fera à droite; enfin, à celui de Marche, chaque peloton conversera par file à gauche, et arrivé à hauteur du guide du peloton qui le précède, son chef l'arrêtera et l'alignera à droite.

Le mouvement terminé, le chef de bataillon fera rentrer les guides.

Fig. 2ᵉ. Si la colonne devait faire face à droite, le mouvement s'exécutera d'après les mêmes principes et par les moyens inverses.

PLANCHE TROISIÈME.

Fig. 1.

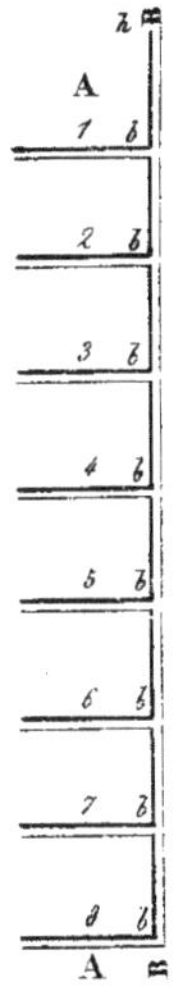

Fig. 2.

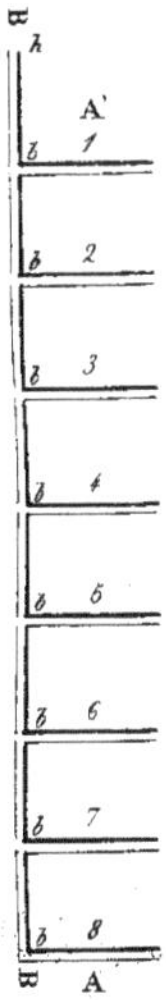

PLANCHE QUATRIÈME.

Carré central de deux bataillons avec les quatre côtés faisant face par le premier rang.

COMMANDEMENTS

Du Commandant en chef.	Nᵒˢ DES BATAILLONS.	Des Chefs de bataillon.
Pour former le carré sur le centre de la ligne.	TOUS,	*Pour former le carré sur le centre de la ligne.*
	1 et 2,	*Face en arrière, bataillon, demi tour à droite.*
	1ᵉʳ,	*Par division, demi à droite.*
	2,	*Par division, demi à gauche.*
Pas accéléré = MARCHE.	TOUS,	*Pas accéléré = MARCHE.*

Le centre de la ligne est le milieu de l'intervalle qui sépare les deux bataillons.

La 1ʳᵉ face est formée par la 4ᵉ division du 1ᵉʳ bataillon et la 1ʳᵉ division du 2ᵉ bataillon; le chef de division leur fera faire par le flanc du côté du point central marqué d'avance par l'adjudant du 1ᵉʳ bataillon, marcher douze pas à la rencontre l'une de l'autre et remettre de front. L'adjudant-major du 1ᵉʳ bataillon assure les guides de droite du 1ᵉʳ bataillon et l'adjudant du 2ᵉ bataillon ceux de gauche du 2ᵉ bataillon. Les faces latérales sont formées par les 2ᵉ et 3ᵉ divisions du 1ᵉʳ bataillon et les 3ᵉ et 2ᵉ du 2ᵉ bataillon; le mouvement a lieu comme dans celui d'un changement front en arrière. La 1ʳᵉ division du 1ᵉʳ bataillon et la 4ᵉ du 2ᵉ bataillon, après avoir exécuté une double conversion près de l'angle de la 4ᵉ face, se rejoignent pour la former en se remettant par le 1ᵉʳ rang.

Cette formation de carré offre aussi l'avantage d'avoir sa première et sa quatrième face composée d'hommes d'élite.

PLANCHE QUATRIÈME.

Fig. 2.

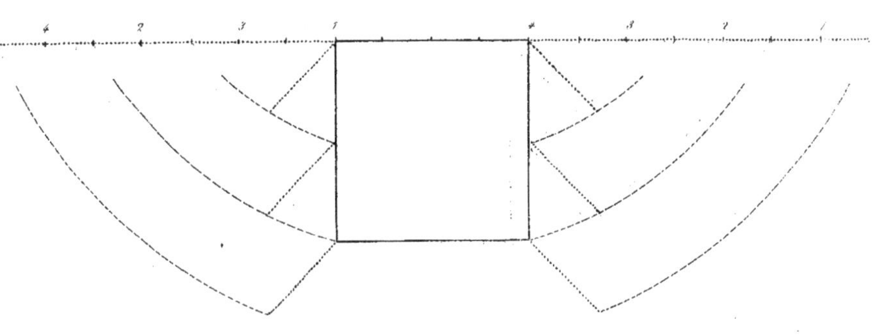

Fig. 3.

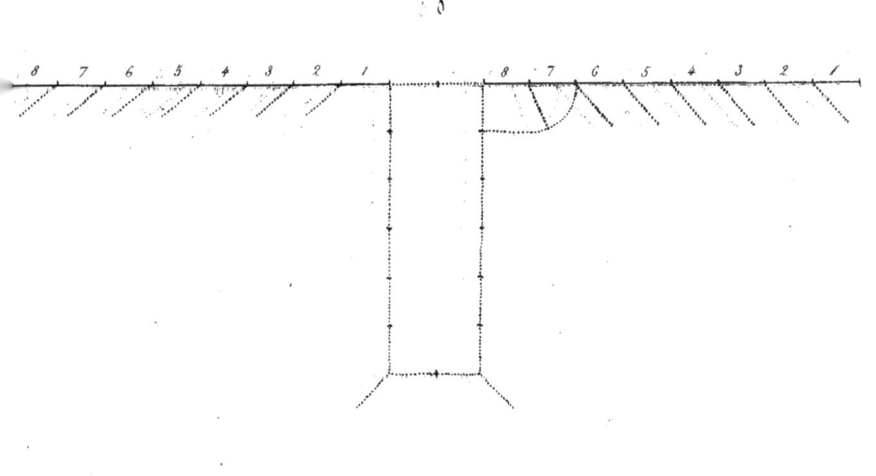

PLANCHE CINQUIÈME.

Carré central d'un bataillon avec les quatre côtés faisant face par le premier rang.

COMMANDEMENTS

FIGURE 1ʳᵉ.　1° *Pour former le carré sur le centre.*
Bataillon demi-tour à droite.
2° *Demi-bataillon de droite, par peloton demi à droite.*
Demi-bataillon de gauche, par peloton demi à gauche.
3° *Pas accéléré* = MARCHE.
4° *Guides à vos places.*

Au premier commandement, le bataillon a fait face en arrière, à l'exception des 4ᵉ et 5ᵉ pelotons, qui forment la 1ʳᵉ face du carré. L'adjudant-major et l'adjudant assurent la position des guides de gauche et de droite des autres pelotons qui doivent former les autres faces, et qui, à cet effet, exécutent leur mouvement comme dans celui d'un changement de front en arrière ; seulement, les 1ᵉʳ et 8ᵉ pelotons, arrivés près de l'angle de la 4ᵉ face changent deux fois de direction, se rejoignent et font ensuite face par le 1ᵉʳ rang.

Le carré formé ainsi offre l'avantage de faire face par le 1ᵉʳ rang sur les quatre côtés, et de conserver sa première position quand on est obligé de le rompre.

COMMANDEMENTS.

FIGURE 2ᵉ.　1° *Rompez le carré.*
2° *Demi-bataillon de droite, par peloton demi à gauche.*
Demi-bataillon de gauche, par peloton demi à droite.
3° *Pas accéléré* = MARCHE.
4° *Guides à vos places.*

L'adjudant-major et l'adjudant placent des jalonneurs devant les 4ᵉ et 5ᵉ pelotons. Les pelotons se portent en ligne comme dans une formation d'un changement de front en avant. Les 1ᵉʳ et 8ᵉ pelotons changent de direction deux fois du côté du pivot et se forment ensuite en bataille comme les pelotons qui les précèdent.

PLANCHE CINQUIÈME.

Fig. 1

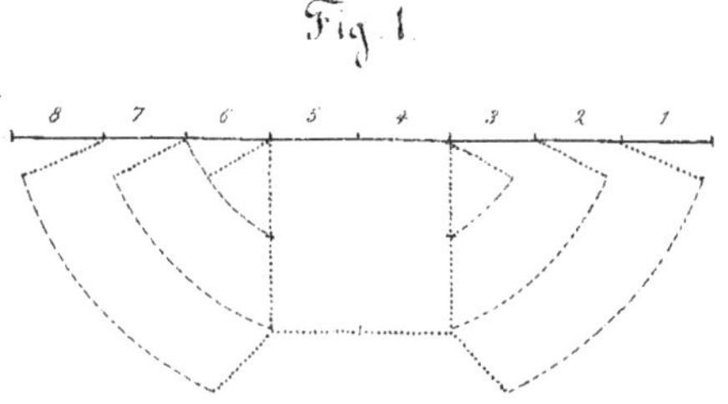

Fig. 2

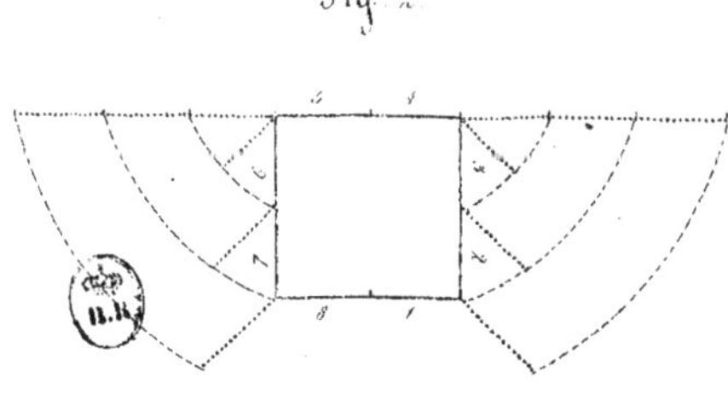

24

www.ingramcontent.com/pod-product-compliance
Ingram Content Group UK Ltd.
Pitfield, Milton Keynes, MK11 3LW, UK
UKHW022307120726
13694UKWH00003B/1289